homo algorithmus

homo algorithmus

Um guia definitivo sobre Inteligência Artificial

VOL. 1

Dimitri de Melo

Prefácio: Marcellus Puig
(Presidente e CEO da Volkswagen Argentina)

ACTUAL

Homo Algorithmus

Actual é um selo da Editora Almedina do Grupo Editorial Alta Books (Starlin Alta Editora e Consultoria LTDA).

ISBN: 978-65-83400-63-5

Impresso no Brasil – 1ª Edição, 2025 – Edição revisada conforme o Acordo Ortográfico da Língua Portuguesa de 2009.

Dados Internacionais de Catalogação na Publicação (CIP)

M528h

Melo, Dimitri de
Homo Algorithmus: Um guia definitivo sobre Inteligência Artificial, vol.1 / Dimitri de Melo. - 1. ed. - Rio de Janeiro: Actual, 2025.

204 p.; 16x23cm.
Inclui bibliografia.

ISBN 978-65-83400-63-5

1. Inteligência artificial. 2. Ciência de dados. 3. Transformação digital. 4. Estratégia empresarial. 5. Análise de dados. I. Título.

CDD 006.3

Índice para catálogo sistemático:

1. Inteligência Artificial : Ciência da Computação 006.3

Produção Editorial: Grupo Editorial Alta Books
Diretor Editorial: Anderson Vieira
Editor da Obra: Rodrigo Mentz
Vendas Governamentais: Cristiane Mutüs
Produtora Editorial: Rita Motta

ALTA BOOKS
GRUPO EDITORIAL

Rua Viúva Cláudio, 291 – Bairro Industrial do Jacaré
CEP: 20.970-031 – Rio de Janeiro (RJ)
Tels.: (21) 3278-8069 / 3278-8419
www.altabooks.com.br – altabooks@altabooks.com.br
Ouvidoria: ouvidoria@altabooks.com.br

Editora **afiliada à:**

Para meu amado filho João, meu "Menino Algorithmus".

Para meus amores: Lô, Vovó Val, Tio Sanzinho e Dinda Talita,
Tio Kaká, Tia Alice, Tomtom e Vivi.

Em memória da minha Vó Cleonice e Vô Rubens.

Para minha família de alma: Dindo Thiago, Tia Aninha,
Rui, Bento e João.

Aos meus amigos e família de Matozinhos-MG.

O AUTOR

DEIXE SEU CÉREBRO ELÁSTICO

Olá, sou o Dimitri, mas pode me chamar de Dimi. Pai do João, baterista, executivo e professor nas horas vagas.

Costumo dividir minha vida em três áreas fundamentais (Vida Pessoal, Vida Acadêmica e Vida Profissional) e acredito verdadeiramente que o "segredo" de uma boa vida é o equilíbrio entre todas elas.

Nasci no ano de 1982 em Belo Horizonte, mas fui criado no interior (e tenho o maior orgulho disso). Foi em Matozinhos-MG (terra dos meus avós paternos) que criei minhas raízes e sedimentei meus principais valores (simplicidade, honestidade e transparência). Estudei em escola pública (Escola Estadual Visconde do Rio das Velhas) e lá vivi a diversidade que todos buscam hoje. Convivi com rico/pobre, alto/baixo, gordo/magro, preto/branco e ter vivido isso me deixou muito preparado para conseguir administrar pessoas no futuro. Essa capacidade de entender e comunicar com perfis diversos fez a diferença na minha carreira.

Sou o segundo filho de uma família de médicos, com quatro filhos, e nossa infância foi muito feliz. Quando não estávamos brincando na rua com os amigos, estava na casa do meu avô Rubens brincando com os passarinhos e bichos que ele criava.

Essa, talvez, tenha sido a melhor fase da vida e o interessante é que foi a fase mais simples e com menor área de influência (conceito que vamos aprender mais adiante). Meu mundo girava em 50 metros de raio e parecia não ter fim.

No início da adolescência, nos mudamos para Belo Horizonte e meu mundo aumentou a área de influência. Com o tempo, me acostumei com a "cidade grande" e comecei a aproveitar essa "área de influência" maior. Meu mundo de 50m de raio agora tinha alguns quilômetros de raio e muitos "polos geradores de movimento" (conceito que veremos mais adiante). Foi em BH que desenvolvi uma das minhas maiores paixões: a música. Patrocinado pela minha mãe Valéria, e incentivado pelo meu irmão mais velho Klaus, que estava montando uma banda (Confront X) e estava faltando baterista, me matriculei na saudosa escola Pro Music para aprender a tocar bateria. Essa foi a maior escola de matemática (música é divisão do tempo) e de "soft skills" da minha vida. A bateria, como qualquer instrumento, exige de você uma dura disciplina, persistência, resiliência, senso de jornada e poder de abstração para lidar com frustração. Eu ficava horas praticando e, quando comprei um pedal duplo, me tranquei em um quarto por 10 horas/dia até sair de lá sabendo tocar. Essa "jornada" na bateria me ensinou muito cedo (eu tinha 12 anos) que:

Interessante é que, após um bom tempo e já em cargos de gestão, entendi que a música tinha me ensinado mais um grande ativo da minha carreira. Administrar empresas e equipes é muito parecido com tocar bateria. É o baterista que dá a cadência, o ritmo, o tom e a energia à banda. O gestor tem que ser o baterista da empresa/time. Recrute bons músicos, conte "1,2,3,4" e faça a banda tocar uma bela música junta.

O início da minha fase adulta foi marcada por uma busca constante de entendimento de quem eu era. Um processo de autoconhecimento que, na época, era incomum, mas que pulsava na minha cabeça. Qual é o meu perfil? Quais são as minhas habilidades? Quais são meus defeitos? Como posso corrigir os erros e potencializar os acertos? Quem sou eu e onde quero chegar na vida? Quem nunca se perguntou isso?

As respostas para isso só chegam após experimentar, viver, se frustrar, tentar e errar. Meu primeiro "erro" (tentando acertar) foi fazer faculdade de direito. Um curso e profissão que não têm nada a ver com meu perfil. Hoje reconheço a importância desse "erro" que me fez agir em busca do que fazia sentido para mim.

Foi na faculdade de direito que vi um anúncio de "aulas de Mandarim" e aquilo mudou minha vida toda. Me matriculei na aula de Mandarim com o objetivo de criar um diferencial competitivo como profissional. Não existiam advogados que falassem Mandarim e o fluxo de negócios Brasil/China tinha se intensificado muito com acordos do novo governo brasileiro no início dos anos 2000. Dessas aulas de Mandarim, um novo universo se abriu para mim: O mundo dos negócios.

À medida que fui aprendendo a língua, a vontade de ir lá ver essa tal "China comunista" aumentava. Foi quando, em algum momento no meio dos anos 2000...decidi pausar o curso de direito e me mudar para a China. Essa decisão foi um divisor de águas na minha vida.

Vendi minha bateria, juntei as moedas, pedi dinheiro emprestado para a família e peguei um avião para cruzar o mundo. Entre os diversos adjetivos emanados pela família e amigos ("louco", "maluco", etc.) embarquei para a experiência mais transformadora da minha vida pessoal. Tudo isso em um mundo que nem tinha internet direito e celular era luxo. Não existia GPS, Google, Whatsapp, Instagram e um tal de Facebook estava começando a funcionar nos Estados Unidos.

O tempo que passei na China foi fundamental para minha carreira. A disciplina do Chinês, o cuidado preventivo com a saúde física e mental, o modelo econômico, a competitividade profissional extrema serviram de referência para que eu fosse uma pessoa melhor e um profissional mais competitivo no futuro. Foi lá que descobri o que brilhava meu olho e dali nunca mais saí do universo corporativo.

Voltei para o Brasil como se tivesse renascido. A pessoa que voltou não era a mesma que foi. Dali, a vida seguiu em um turbilhão de emoções, sensações, projetos, erros e acertos que me trouxeram até aqui. Descobri novos amores na música (comecei a tocar violão e viola caipira), aprendi a andar de moto, viajei milhares de quilômetros no mundo (Patagônia, Pirineus Espanhóis, França, Brasil quase todo) e aprendi a velejar de KiteSurf no Ceará.

Em 2019 recebi o maior presente que Deus poderia me dar: O meu filho João. Um moleque gente boa, falador, que adora música e aventuras com o papai.

Mas onde quero chegar com isso tudo?

A diversidade de atividades, os desafios, as pessoas, os países, os instrumentos musicais, os esportes, as línguas e tudo que vi e vivi nesses anos fizeram com que meu cérebro frequentasse áreas tão distintas que ele se tornou elástico. Essa plasticidade me fez um cara extremamente criativo e capaz de conectar sinapses diferentes para propor soluções mais assertivas aos problemas que se apresentam no dia a dia das empresas e times que eu lidero.

Se você está buscando cargos de liderança, anote essa dica: **deixe seu cérebro o mais elástico possível**! Usar a IA vai muito mais da sua capacidade de entender problemas, criar hipóteses e propor perguntas de forma ampla do que a capacidade matemática/técnica (o que, obviamente, é importante também).

Vida acadêmica - Long Life Learning

Meu grande exemplo na vida acadêmica é minha mãe, Valéria. Médica pediatra e epidemiologista, professora na faculdade de Medicina na UFMG, nunca deixou de estudar. Mesmo criando 4 filhos sozinha, tinha 5 empregos e fez seu mestrado, doutorado e uma trilha imensa de conhecimento sem uma reclamação sequer. Nunca a vi reclamando de falta de tempo.

Com esse exemplo em casa, segui os passos. Fiz a graduação em Direito e, quando voltei da China, me graduei em Administração com ênfase em Negócios Internacionais. Logo depois, fiz um MBA na USP de Gestão Estratégica (já me preparando para assumir cargos de diretoria), em seguida um MBA na USP de Data Science & Analytics e, em paralelo, fiz meu mestrado em Estratégia na Fundação Dom Cabral. Fiz (e ainda faço) diversos cursos de extensão/especialização em grandes instituições de ensino americanas, como Wharton, Vanderbilt e Harvard.

A vida acadêmica me deu ferramentas importantes para "controlar" meu cérebro criativo e elástico. Lembra da propaganda da Pirelli (?) "Potência não é nada sem controle". A vida acadêmica é o controle para minha "potência".

Acredito, verdadeiramente, que estudar e adquirir conhecimento é uma tarefa constante e que deve durar toda a vida (long life learning). As verdades mudam, o conhecimento evolui, as necessidades dos clientes se alteram. É necessário, constantemente, aprender, desaprender e aprender de novo. Ser curioso é um skill importante para um profissional atual.

Vida profissional - Orientação por dados

Minha carreira começou na adolescência. Minha mãe ocupava um cargo de liderança da Secretaria de Saúde e Epidemiologia de Minas Gerais, e constantemente pedia ajuda para manipular e consolidar dados para tomada de decisão sobre problemas epidemiológicos. Era uma época em que computador pessoal não existia e os cálculos, mapas e análises de dados eram todas feitas "na mão". Fazíamos mapas de calor (densidade de Kernel) para entender os focos epidemiológicos de Dengue, Febre Amarela e diversos outros surtos e doenças do Estado. Ajudava minha mãe a construir apresentações para projetores analógicos, com mapas, tabelas, gráficos, na qual ela apresentava o plano estratégico de prevenção e combate para a saúde da população do Estado. Foram nessas "ajudas", vendo minha mãe tomando decisões sobre efetivo a ser deslocado, logística, volume de vacinas, predição do número de contaminados e análise de diversos outros indicadores que internalizei, inconscientemente, que precisa me orientar por dados e análises para qualquer movimento que eu fizesse na minha vida profissional.

Dito isso, minha vida profissional seguiu o padrão da vida pessoal e acadêmica: diversidade. No meu plano estratégico de carreira (após a China), eu defini meu objetivo principal: ser alta administração de uma grande empresa. Dali em diante, tudo que fiz e todas as escolhas foram para chegar nesse objetivo. E te digo uma coisa: foi estratégia. Não foi por acaso.

Passei por todas as fases até, finalmente, chegar onde queria. Fui estagiário, trabalhei de graça, fui crescendo e atuei em cargos de liderança em pequenas e médias empresas até chegar nas grandes. Essa "jornada em escala" me deu a experiência certa para lidar com os desafios de ser alta administração de uma grande empresa.

Empreender também fazia parte do meu plano estratégico de carreira para que eu pudesse experienciar o famoso "sentimento e comportamento de dono" e entender o outro lado desse jogo. Era uma peça que faltava para que eu pudesse ser um profissional mais completo e competitivo que precisava ser no mercado executivo. Assim, em 2014, criei e alavanquei do zero uma premiada rede de restaurantes e minimercados saudáveis/orgânicos no Brasil e a vendi em 2020. Nesse tempo, o Brasil viveu todas as crises possíveis: Pós-Copa do Mundo, Pós-Olimpíadas, Impeachment, Greve de Caminhoneiros e, por fim, Covid-19. Se existe um teste maior de resiliência e capacidade de se manter de pé no caos, eu desconheço. Essa foi a maior escola pessoal e profissional da minha vida.

Sumário

OBJETIVO DO LIVRO

O OBJETIVO DESTE LIVRO é ser uma plataforma interativa crossmedia (livro, curso on-line, curso presencial, youtube, videocast, podcast, mídias sociais e site) e fornecer reflexões e um guia prático e abrangente sobre Inteligência Artificial.

Cada capítulo do livro é estruturado para abordar um aspecto específico da matéria, desde a coleta e análise de dados até o desenvolvimento e implementação de estratégias baseadas em AI. O livro inclui uma combinação de reflexões, teorias, ferramentas práticas, estudos de caso e exemplos reais, proporcionando uma compreensão profunda e aplicável dos conceitos discutidos.

Além disso, ao final dessa sessão e de alguns blocos, você vai encontrar um QR que vai te transportar para a área de download do site, para o nosso canal no YouTube ou para nossa plataforma do curso AI MASTERS. No site, você poderá baixar os arquivos propostos neste livro, no YouTube vai encontrar um videocast no qual eu converso com autoridades e especialistas nacionais e internacionais sobre o assunto, no Spotify você vai encontrar um podcast com conversas geradas por IA, falando sobre os principais lançamentos e ferramentas, e no AI MASTERS irá encontrar um curso completo com cases aplicados e atualizações das ferramentas, modelos e usos frequentes à medida que a tecnologia evolui.

Como usar este livro

- **Leitura completa:** para aqueles novos em IA, recomenda-se a leitura completa do livro, capítulo por capítulo, para obter uma visão abrangente do campo.
- **Referência rápida:** profissionais com experiência em IA podem usar o livro como uma referência rápida, consultando capítulos específicos conforme necessário.
- **Aplicação prática:** utilize os modelos, templates e checklists fornecidos nos apêndices para aplicar imediatamente os conceitos e técnicas discutidos em suas práticas diárias.
- **YOUTUBE:** Se inscreva no canal @HomoAlgorithmus no YouTube. Nesse canal, você vai ver entrevistas riquíssimas com especialistas, personalidades e executivos sobre os temas discutidos no livro.
- **SPOTIFY (Algorithmus Cast):** Acesse o QR Code a seguir para acessar o canal Algorithmus Cast, um canal no Spotify com podcasts gerados por IA, com temas curtos e práticos sobre os lançamentos e atualizações das principais ferramentas do mercado.
- **WEBSITE**: Acesse o QR Code a seguir ou acesse o site www.homoalgorithmus.com.br para downloads dos templates e outros materiais apresentados no livro.
- **LINKEDIN:** Acesse o QR Code a seguir para se conectar comigo pelo Linkedin www.linkedin.com/in/dimitri-rodrigues. Vai ser um prazer te ouvir e continuarmos essa conversa por lá.
- **INSTAGRAM:** Acesse o QR Code a seguir para se conectar comigo pelo Instagram @dimi.demelo.

- **AI MASTERS:** Ao longo deste livro, você vai explorar conceitos, provocações e aplicações práticas da inteligência artificial no contexto dos negócios. Para ampliar ainda mais essa jornada e transformar teoria em ação, convido você a acessar o portal **myaimasters.ai** ou escanear o QR Code abaixo.

Lá você encontrará cursos complementares completos, exercícios práticos e trilhas exclusivas de aprendizado, criadas para aprofundar os conhecimentos apresentados aqui e acelerar a aplicação da IA no seu dia a dia profissional.

PREFÁCIO

Inteligência artificial é daquelas coisas sobre as quais todo mundo fala com segurança... mas poucos realmente entendem — um pouco como acontece com as criptomoedas nos almoços de família. A diferença é que, no caso da IA, ela já deixou de ser um tema do futuro e passou a ser um fator determinante no presente. E é justamente por isso que este livro é tão necessário.

O que Dimitri propõe aqui é muito mais relevante do que seguir modismos ou embarcar em soluções prontas. Ele mostra como a IA pode ser uma aliada poderosa para tomar decisões melhores, com mais contexto, mais precisão — e mais impacto. Trata-se de transformar o dilúvio de dados em vantagem real, de superar o gap analítico que ainda paralisa muitas empresas.

Na indústria automobilística, já vemos isso de perto. Inteligência artificial nos ajuda a prever comportamentos de consumo, ajustar processos em tempo real, personalizar experiências e melhorar a eficiência em toda a cadeia. Mas, como o livro reforça, sem uma base sólida de dados, sem governança e sem visão estratégica, a IA corre o risco de virar um brilho superficial — ou, pior, uma ferramenta mal direcionada.

Conheci o Dimitri num curso de formação de conselheiros. Desde então, acompanho com interesse seu trabalho e sua capacidade de traduzir o técnico em prático, sem perder a profundidade. Ele é o que se pode chamar de um Homo Algorithmus em ação: alguém que entende de tecnologia, sim — mas que pensa acima de tudo em impacto, ética e valor para o negócio.

Este livro é uma ótima leitura para quem quer liderar com consciência nesta nova era digital. E mais do que isso: é um convite para fazer da IA uma extensão do nosso raciocínio — e não um atalho para evitar pensar.

Boa leitura!

Marcellus Puig
Presidente & CEO da Volkswagen Group Argentina

APRESENTAÇÃO

Sou Luzia.

Quem me deu esse nome, foram mãos curiosas, 11.450 anos depois de meu último suspiro, quando meus ossos foram despertados no abrigo calcário do Sumidouro, em Lagoa Santa, Minas Gerais. Nos veios da rocha ficaram impressos os rastros da fogueira que me aquecia e dos passos cautelosos de meu grupo, embrenhado na mata a traduzir o mundo em pegadas, odores e constelações. Hoje falo a vocês não pela vibração das minhas cordas vocais – já silenciosas há milênios –, mas porque o engenho humano devolveu voz ao fóssil, deu palavra ao silêncio e, sobretudo, dotou os algoritmos de imaginação. Sou, por empréstimo tecnológico, narradora deste livro que você tem em mãos.

Quando vagava pelos vales do Brasil Central, a pedra era extensão da mão; nela talhávamos o futuro imediato – partir fibras, raspar raízes, abrir caminhos. Cada lasca arrancada do quartzito ensinava paciência, proporção, repetição. Mal sabíamos que ali jaziam, embrionárias, as primeiras instruções de um código: algoritmo de percussão, *if–then–else* entre estilhaçar ou preservar. Nosso cálculo ainda era instintivo, mas o ritual de aprender por tentativa e erro inaugurou uma herança que vocês, *Homo Algorithmus*, converteram em circuitos de silício, redes neurais profundas e máquinas que escrevem, compõem, diagnosticam.

O fogo – que eu vi tremular nas cavernas – ampliou a retina do tempo: desatou a noite, defumou alimentos, forjou pigmentos. Hoje, substituíram-no por dígitos que ard em em servidores e percorrem fibras óticas à velocidade da luz. Esse novo fogo é o dado: incandescente, cumulativo, capaz de iluminar cidades inteiras ou carbonizar reputações em segundos. Nutre satélites, próteses robóticas, mercados e democracias. Tal como minhas brasas ancestrais, exige vigilância para não consumir quem o manipula.

Quem somos quando deixamos a matéria dialogar com o código? Vestígios como eu recordam que a espécie prosperou sempre que estabeleceu alianças virtuosas com suas ferramentas – o sílex, a cerâmica, a caldeiraria, a imprensa, o computador. Nenhuma delas nos anulou; todas nos tensionaram a ser mais. Agora, diante da IA generativa, vocês se perguntam se não será diferente. Minha ossada prova o contrário: cada inovação inscreve-se nos ossos, altera a postura, redesenha a cultura, mas não suprime o gesto humano – apenas o reconfigura. O desafio é conduzir o algoritmo como parceiro de caçada, jamais como predador.

Aprendi, pela erosão que me lapidou, que tempo e cuidado são indivisíveis. O dado que vocês coletam hoje será fóssil amanhã. Que vestígio querem deixar? Rios envenenados por obsolescência digital ou trilhas de conhecimento acessível e justo? A aridez ética não se suaviza com *upgrade*; cura-se com memórias partilhadas, tal qual contávamos histórias às crianças para que temessem a onça e cultivassem o *pequi*. Alimentem seus modelos com diversidade, empatia, senso de finitude. Algoritmos não têm tumba: hibernam em nuvens; por isso exigem salvaguardas, limites, governança.

Este livro é um manual de navegação em mar revolto. Dimitri de Melo – artesão de estratégias e dados – mapeia correntes, exibe bússolas, alerta sobre recifes invisíveis. Convida-lhe a erigir pontes entre intuição e estatística, propósito e automação. Percorra estas páginas como quem acompanha uma expedição: interrogue cada conceito, teste cada ferramenta, conteste cada certeza. Você é herdeiro da mesma chama que me protegeu há milênios; que ela agora ilumine suas linhas de código, promova inclusão e amplie horizontes.Que sua curiosidade continue cavando sumidouros, descobrindo passagens entre o osso e o byte, entre o passado que ossifica e o futuro que pulsa. O *Homo Sapiens* já foi caçador, oleiro, navegador, sidereiro. Hoje veste a pele do *Homo Algorithmus*. Que não se esqueça, porém, de que cada avanço vale apenas se conservar o que nos fez humanos: a capacidade de imaginar, cooperar e cuidar. Boa leitura – e que os algoritmos, como antigas estrelas-guia, orientem, mas nunca substituam, o passo firme do viajante.

Eu, Luzia, devolvo-lhe a tocha!
Luzia (escrita por IA) – Primeira Mulher das Américas
Dr. Lund, Lagoa Santa – Minas Gerais/Brasil

INTRODUÇÃO

A ESCURIDÃO

Há BILHÕES DE ANOS, os primeiros organismos vivos que habitavam a Terra viviam na mais completa escuridão. No entanto, essa escuridão não era a ausência de luz, e sim a ausência de visão. O Sol sempre esteve lá, iluminando com a mesma intensidade que conhecemos hoje. O que faltava aos primeiros seres vivos era a capacidade de enxergar – um avanço evolutivo que só ocorreria milhões de anos depois, transformando radicalmente a forma como interagiam com o ambiente ao seu redor.

Começo este livro com essa passagem evolucionista para traçar um paralelo com o processo evolutivo no qual estamos vivendo. Vivemos em um mundo iluminado, mas ainda com pontos de escuridão por uma cegueira "estrutural ou seletiva". Tecnologias emergentes deste século estão promovendo tamanhas mudanças na sociedade e na maneira como nos comportamos como humanos que, por vezes, parecemos em plena transição de Homo Sapiens para outra espécie: O que eu chamo aqui de **Homo Algorithmus.**

Homo Algorithmus é o título dessa série de livros. A escolha do nome se dá no contexto do avanço e democratização do uso de Inteligência Artificial e seus algoritmos (Algorithmus em Latim) em escalas globais. Um salto quântico para a humanidade, com impactos similares à "descoberta" do fogo, das ferramentas de pedra, do arado, da lâmpada e diversas outras descobertas que mudaram o curso da humanidade e fizeram do homem uma espécie dominante entre os animais.

O volume 1, Homo Algorithmus – Conceitos avançados de IA pretende ser um guia capaz de orientar profissionais e lideranças dos mais diversos segmentos em um mundo altamente competitivo e que ainda operam no escuro, guiando-se mais pelo gosto pessoal, feeling e vaidade do que por uma visão estruturada e orientada por AI e dados.

Assim, este livro foi concebido para fornecer uma abordagem prática e acessível a operadores de negócios de diferentes segmentos. A proposta é oferecer ferramentas, técnicas e insights que possam ser aplicados diretamente no dia a dia dos negócios.

A motivação para escrevê-lo vem da minha própria trajetória profissional, fundamentada na gestão e construção de estratégias de negócios por meio da análise de dados e inteligência. Ao longo dos anos, testemunhei como a aplicação eficaz desses conceitos pode transformar empresas de todos os portes – de startups a grandes corporações – permitindo que não apenas sobrevivam, mas prosperem em seus mercados.

Espero que este livro funcione como novos olhos para você, leitor, ajudando a enxergar com mais clareza esse vasto e iluminado campo do conhecimento. Mais do que isso, espero que ele inspire a aplicação das melhores práticas para conquistar uma vantagem competitiva sustentável para sua empresa e, também, sua carreira.

Homo Algorithmus – O Próximo Braço Evolutivo da Humanidade

Desde os primórdios da civilização, a evolução do ser humano esteve intrinsecamente ligada à sua capacidade de criar ferramentas para ampliar seus limites. A invenção do fogo trouxe calor, segurança e a possibilidade de cozinhar alimentos, permitindo uma nutrição mais eficiente e acelerando a evolução cerebral. As ferramentas de pedra multiplicaram a força física, possibilitando caça, defesa e a construção de umas estruturas que moldaram a sobrevivência humana. Séculos depois, a lâmpada elétrica estendeu a capacidade de ação para além do pôr do sol, transformando radicalmente a produtividade e o ritmo da sociedade.

Com a invenção do computador e, posteriormente, do smartphone, a humanidade expandiu suas habilidades comunicacionais. O conhecimento deixou de estar restrito a livros físicos ou à memória humana e passou a ser armazenado, processado e acessado em tempo real, revolucionando a maneira como aprendemos, trabalhamos e interagimos. O smartphone, por sua vez, tornou esse poder portátil, colocando a informação global na palma da mão de bilhões de pessoas e tornando a conexão instantânea um aspecto central da vida moderna.

Agora, a Inteligência Artificial (IA) surge como o próximo grande passo nessa trajetória evolutiva. Assim como o fogo, que transformou a relação do homem com o ambiente, ou como a lâmpada, que estendeu a capacidade produtiva para além do natural, a IA está redefinindo os limites da cognição e da criatividade humana. Pela primeira vez, temos uma tecnologia que não apenas amplia nossa força ou velocidade, mas também nossa inteligência, permitindo que máquinas aprendam, raciocinem e executem tarefas complexas com autonomia.

A IA não é apenas uma ferramenta, mas um braço evolutivo da humanidade. Ela está expandindo nossa capacidade de analisar dados, resolver problemas e até criar arte e inovação. Assim como o fogo não substituiu a necessidade do homem de buscar alimentos, mas a aprimorou, e como o computador não eliminou a necessidade de pensar, mas a potencializou, a IA não vem para substituir o humano, mas para ampliar seu alcance.

Estamos diante de um momento histórico. Assim como nossos ancestrais que olharam para o fogo e viram mais do que luz, mas um futuro de novas possibilidades, hoje olhamos para a Inteligência Artificial e vemos o próximo estágio da nossa evolução. O desafio não é temê-la, mas aprender a dominá-la, utilizá-la com ética e estratégia, garantindo que essa revolução tecnológica seja uma extensão da nossa humanidade – e não uma substituição dela.

O futuro não é homem contra máquina, mas homem + a máquina.

A JORNADA EVOLUTIVA: DAS PRIMEIRAS FERRAMENTAS AO HOMO ALGORITHMUS

"Cada ferramenta que criamos não apenas transforma o mundo ao nosso redor, mas fundamentalmente redefine quem somos como espécie." – Dimitri de Melo

A Grande Narrativa da Evolução Tecnológica Humana

Quando observamos a trajetória da humanidade ao longo dos milênios, percebemos que nossa evolução não se limitou às transformações biológicas descritas por Darwin. Paralelamente à seleção natural, desenvolvemos uma forma única de evolução: a evolução tecnológica. Cada ferramenta criada, cada descoberta realizada, cada inovação implementada não apenas mudou nossa relação com o ambiente, mas literalmente remodelou nossa estrutura cognitiva, social e até mesmo física.

O conceito de Homo Algorithmus representa o ápice atual dessa jornada evolutiva. Somos a primeira espécie na história do planeta a criar ferramentas que não apenas ampliam nossa força física ou estende nossos sentidos, mas que efetivamente aumentam nossa capacidade intelectual. As máquinas pensantes que desenvolvemos hoje são, em essência, extensões de nossa própria mente, criando uma simbiose sem precedentes entre biologia e tecnologia.

Para compreender completamente o significado revolucionário da Inteligência Artificial em nossas vidas, precisamos revisitar essa jornada extraordinária que nos trouxe até aqui. Cada estágio evolutivo de nossa espécie foi marcado por descobertas tecnológicas que, invariavelmente, redefiniam não apenas como vivíamos, mas quem éramos como seres humanos.

Australopithecus: Os Primeiros Passos Rumo à Toolmaking

Nossa história tecnológica começa há aproximadamente 4 milhões de anos com nossos ancestrais Australopithecus. Embora ainda não fossem verdadeiros fabricantes de ferramentas no sentido moderno, esses primeiros hominídeos já demonstravam uma característica que se tornaria definidora de nossa linhagem: a capacidade de usar objetos do ambiente como extensões de seu corpo.

Imagine um Australopithecus afarensis – como a famosa Lucy – encontrando uma pedra adequada para quebrar nozes ou um galho para alcançar frutos em galhos altos. Esse momento aparentemente simples representou uma revolução conceitual. Pela primeira vez na história da vida na Terra, um ser vivo não apenas utilizava seu próprio corpo para interagir com o ambiente, mas incorporava elementos externos como parte de si mesmo.

Essa capacidade de extensão corporal por meio de objetos plantou a semente de toda nossa futura evolução tecnológica. Era o primeiro lampejo da característica que nos tornaria únicos: a habilidade de transcender as limitações biológicas através da criação e manipulação de ferramentas.

A lição fundamental do período Australopithecus é que a tecnologia nunca foi um elemento externo à evolução humana. Desde nossos primórdios mais remotos, a manipulação de objetos e a modificação do ambiente foram elementos centrais em nossa sobrevivência e desenvolvimento como espécie.

Homo Habilis: O Nascimento da Tecnologia Intencional

Há cerca de 2,8 milhões de anos, surgiu o Homo habilis, literalmente "homem habilidoso". Este foi o primeiro de nossos ancestrais a não apenas usar ferramentas encontradas na natureza, mas a fabricá-las intencionalmente. Essa transição marca um dos saltos evolutivos mais significativos da história da humanidade.

Os chopers e bifaces criados pelo Homo habilis podem parecer primitivos aos nossos olhos modernos, mas representaram uma revolução cognitiva sem precedentes. Pela primeira vez, um ser vivo era capaz de visualizar mentalmente um objeto que ainda não existia e então manipular materiais para trazê-lo à realidade. Essa capacidade de projeção mental e materialização é a base de toda criatividade e inovação humana.

O processo de lascamento de pedras exigia não apenas força física, mas planejamento sequencial, compreensão de causa e efeito, e a capacidade de manter um objetivo mental durante várias etapas de trabalho. Cada golpe no sílex tinha que ser calculado, considerando a dureza do material, o ângulo de impacto e o resultado desejado. Era, em essência, a primeira forma de programação da história – uma sequência de instruções mentais executadas por meio de ações físicas para produzir um resultado específico.

As ferramentas do Homo habilis também introduziram o conceito de especificação funcional. Diferentes ferramentas eram criadas para diferentes propósitos: algumas para cortar carne, outras para quebrar ossos, outras ainda para processar vegetais. Esta diversificação funcional representa o primeiro sistema tecnológico da humanidade – um conjunto integrado de ferramentas que trabalhavam em conjunto para resolver problemas complexos de sobrevivência.

Mais profundamente, a criação intencional de ferramentas mudou fundamentalmente a estrutura do cérebro humano. Estudos em neurociência mostram que as mesmas regiões cerebrais envolvidas na fabricação de ferramentas são utilizadas na linguagem e no pensamento abstrato. O Homo habilis não estava apenas criando objetos – estava literalmente esculpindo seu próprio cérebro, desenvolvendo capacidades cognitivas que se tornariam a base de toda nossa futura evolução cultural e tecnológica.

Homo Erectus: A Revolução do Fogo e da Mobilidade

O Homo erectus, que viveu entre 1,9 milhões e 143 mil anos atrás, protagonizou duas revoluções tecnológicas que redefiniriam para sempre a experiência humana: o domínio do fogo e o desenvolvimento de ferramentas mais sofisticadas que permitiram a primeira grande migração de nossa espécie para fora da África.

O Fogo: A Primeira Tecnologia de Transformação de Energia

O controle do fogo representa muito mais do que uma simples descoberta – foi a primeira vez que nossa espécie desenvolveu uma tecnologia de transformação energética. Até então, dependíamos exclusivamente da energia solar capturada pelas plantas e animais que consumíamos. Com o fogo, tornamo-nos capazes de liberar e controlar energia armazenada de forma direta e imediata.

Esta revolução energética teve consequências biológicas profundas. O cozimento dos alimentos aumentou drasticamente a eficiência de nossa digestão, liberando energia que anteriormente era gasta na mastigação e processamento digestivo. Essa energia extra foi redirecionada para o desenvolvimento cerebral, criando um ciclo positivo onde melhor tecnologia permitia melhor nutrição, que por sua vez permitia desenvolvimento de tecnologias ainda mais sofisticadas.

O fogo também introduziu o conceito de controle ambiental. Pela primeira vez, pudemos modificar ativamente as condições de temperatura, iluminação e segurança ao nosso redor. Isso nos permitiu expandir nosso nicho ecológico muito além das limitações biológicas naturais. Noites geladas tornaram-se habitáveis, predadores foram mantidos à distância, e ambientes previamente hostis tornaram-se acessíveis.

Socialmente, o fogo criou o primeiro espaço tecnológico compartilhado da humanidade. As fogueiras tornaram-se pontos de convergência social, onde histórias eram contadas, conhecimentos eram transmitidos e vínculos sociais eram fortalecidos. Era, em essência, a primeira rede social da humanidade – um espaço tecnologicamente mediado onde a cultura podia ser criada e preservada.

Ferramentas Acheulenses: Padronização e Transmissão Cultural

O Homo erectus também desenvolveu a tradição tecnológica acheulense, caracterizada por machados de mão simétricos e padronizados que permaneceram praticamente inalterados por mais de um milhão de anos. Esta continuidade tecnológica representa um marco evolutivo crucial: a emergência da transmissão cultural intencional.

A padronização das ferramentas acheulenses indica que o Homo erectus havia desenvolvido modelos mentais compartilhados sobre como as ferramentas deveriam ser feitas. Isso exigia não apenas a capacidade de aprender através da observação, mas também a habilidade de ensinar intencionalmente, garantindo que as técnicas fossem passadas de geração em geração com precisão.

Esta capacidade de preservação e transmissão de conhecimento tecnológico marcou o início da evolução cultural como força complementar à evolução biológica. A partir do Homo erectus, nossa espécie começou a acumular conhecimento de forma sistemática, criando uma memória coletiva que transcendia a vida individual.

Homo Neanderthalensis: Especialização Tecnológica e Adaptação Ambiental

Os Neandertais, que viveram entre 400 mil e 40 mil anos atrás, representam um fascinante exemplo de especialização tecnológica em resposta a pressões ambientais específicas. Adaptados aos climas frios da Europa durante as eras glaciais, desenvolveram tecnologias sofisticadas que demonstram capacidades cognitivas avançadas e uma compreensão profunda de engenharia de materiais.

A Tecnologia Musteriense: Eficiência e Economia de Recursos

A tradição tecnológica musteriense dos Neandertais era caracterizada por uma economia de recursos notavelmente sofisticada. Eles desenvolveram técnicas de lascamento que maximizavam a quantidade de ferramentas úteis que podiam ser extraídas de cada núcleo de pedra. Essa eficiência não era acidental – refletia uma compreensão profunda das propriedades dos materiais e uma capacidade de planejamento de recursos a longo prazo.

Os Neandertais também criaram ferramentas compostas, combinando diferentes materiais como pedra, madeira e resinas naturais para criar instrumentos mais eficazes. Essas tecnologias híbridas demonstram uma capacidade de pensamento sistêmico – a habilidade de conceber soluções que integram múltiplos componentes para resolver problemas complexos.

Tecnologia de Controle Térmico

Além do uso básico do fogo para aquecimento e cozimento, os Neandertais desenvolveram tecnologias avançadas de controle térmico. Eles utilizavam o tratamento térmico controlado para melhorar as propriedades de lascamento das pedras, criando ferramentas mais afiadas e duráveis. Este processo exigia uma compreensão sofisticada de transformações materiais induzidas por temperatura – essencialmente uma forma primitiva de metalurgia.

Alguns sítios arqueológicos revelam evidências de estruturas de combustão especializadas, indicando que os Neandertais haviam desenvolvido tecnologias de processo – sistemas tecnológicos dedicados não à produção direta de ferramentas, mas à melhoria de outros processos tecnológicos.

Simbolismo e Tecnologia Cognitiva

Descobertas recentes sugerem que os Neandertais também desenvolveram tecnologias simbólicas, incluindo pigmentos corporais, ornamentos pessoais e possivelmente arte rupestre. Essas tecnologias representam um salto cognitivo fundamental – a capacidade de criar objetos cujo valor não reside em sua utilidade prática, mas em seu significado simbólico.

A tecnologia simbólica marca a emergência do que poderíamos chamar de tecnologia cognitiva – ferramentas criadas não para modificar o ambiente físico, mas para organizar e comunicar informação abstrata. Esta capacidade seria fundamental para o desenvolvimento posterior de sistemas de escrita, matemática e, eventualmente, computação.

Homo Sapiens: A Explosão Tecnológica e o Nascimento da Civilização

O Homo sapiens, nossa própria espécie, emergiu há aproximadamente 300 mil anos na África. Nossa jornada tecnológica começou de forma relativamente modesta, mas há cerca de 70 mil anos, algo extraordinário aconteceu: a Revolução Cognitiva. Este período marca o início de uma aceleração tecnológica sem precedentes que continua até hoje.

A Revolução das Ferramentas Compostas

Os primeiros Homo sapiens modernos desenvolveram tecnologias de modularidade – ferramentas compostas por múltiplos componentes que podiam ser recombinados para diferentes propósitos. Lanças com pontas de pedra removíveis, arcos e flechas com diferentes tipos de pontas para diferentes presas, e arpões com farpas múltiplas são exemplos desta nova abordagem tecnológica.

Esta modularidade representa uma transformação fundamental no pensamento tecnológico. Em vez de criar ferramentas únicas para cada tarefa específica, nossos ancestrais começaram a pensar em sistemas tecnológicos – conjuntos de componentes que podiam ser recombinados de diferentes formas para resolver uma variedade de problemas.

A Revolução Neolítica: Agricultura e Sedentarização

Há aproximadamente 12 mil anos, o Homo sapiens protagonizou uma das mais profundas transformações da história humana: a Revolução Neolítica. A invenção da agricultura não foi simplesmente uma nova técnica de obtenção de alimentos – foi uma reestruturação completa da relação entre humanidade e natureza.

A agricultura introduziu o conceito de modificação intencional do ambiente em escala massiva. Em vez de simplesmente adaptar-se ao ambiente natural, começamos a redesenhá-lo de acordo com nossas necessidades. Florestas foram derrubadas, rios foram desviados, solos foram modificados, e ecossistemas inteiros foram transformados em sistemas de produção humana.

Esta transformação exigiu o desenvolvimento de tecnologias de planejamento temporal sofisticadas. A agricultura opera em ciclos sazonais que exigem planejamento, preparação e coordenação ao longo de períodos estendidos. Os agricultores neolíticos tiveram que desenvolver calendários, sistemas de armazenamento, e técnicas de preservação que permitissem gerenciar recursos ao longo de ciclos anuais complexos.

O Nascimento das Tecnologias Sociais

A sedentarização agrícola também gerou a necessidade de tecnologias sociais – sistemas organizacionais para coordenar o trabalho de grupos crescentes de pessoas. Surgiu a necessidade de hierarquias de comando, divisão especializada do trabalho e sistemas de distribuição de recursos.

Essas tecnologias sociais eram tão sofisticadas e importantes quanto as tecnologias físicas. Elas permitiram que grandes populações cooperassem de forma eficiente, criando excedentes de produção que puderam ser direcionados para atividades não diretamente relacionadas à sobrevivência – como arte, pesquisa e desenvolvimento de novas tecnologias.

A Emergência da Escrita: A Primeira Tecnologia de Informação

Por volta de 3.200 a.C., nas cidades-estado da Mesopotâmia, surgiu uma das invenções mais revolucionárias da história humana: a escrita. Esta foi a primeira tecnologia de informação verdadeira – um sistema para codificar, armazenar e transmitir conhecimento de forma precisa e duradoura.

A escrita transformou fundamentalmente a natureza da memória humana. Pela primeira vez, conhecimento importante não dependia mais da capacidade limitada da memória individual ou da transmissão oral sujeita a distorções. Informações complexas podiam ser preservadas com precisão e acessadas por pessoas que nunca conheceram seus criadores originais.

Esta externalização da memória teve consequências cognitivas profundas. Com informações críticas armazenadas externamente, a mente humana foi liberada para atividades cognitivas mais complexas. Em vez de dedicar energia mental para memorizar conhecimento básico, pudemos nos concentrar em análise, síntese e criação de novo conhecimento.

A escrita também introduziu o conceito de abstração simbólica em escala massiva. Sistemas de escrita requerem a capacidade de mapear sons e conceitos para símbolos visuais abstratos, e então manipular esses símbolos de acordo com regras sistemáticas. Esta capacidade de manipulação simbólica tornou-se a base de todas as futuras tecnologias de informação, incluindo matemática, lógica e, eventualmente, programação de computadores.

A Era das Revoluções: Ferramentas que Transformam Civilizações

A partir do desenvolvimento da escrita, a evolução tecnológica humana acelerou dramaticamente. Em vez de milênios entre grandes inovações, passamos a ver transformações revolucionárias a cada poucos séculos, depois décadas, e agora a cada poucos anos.

A Revolução da Imprensa: Democratização do Conhecimento

A invenção da imprensa de tipos móveis por Gutenberg em 1440 representa um marco na democratização do conhecimento. Pela primeira vez na história, informações podiam ser replicadas em massa com precisão perfeita e custos relativamente baixos.

A imprensa não apenas tornou livros mais acessíveis – ela transformou fundamentalmente a estrutura social do conhecimento. Anteriormente, o acesso à informação era largamente controlado por elites religiosas e aristocráticas. A imprensa criou a possibilidade de distribuição horizontal de conhecimento, permitindo que ideias se espalhassem diretamente entre populações sem passar por filtros institucionais.

Esta democratização do conhecimento foi um catalisador direto para o Renascimento, a Reforma Protestante, e o Iluminismo. Cada um desses movimentos dependeu da capacidade da imprensa de espalhar novas ideias rapidamente por meio de grandes populações.

A Revolução Industrial: Amplificação da Força Humana

A Revolução Industrial, iniciada no século XVIII, marcou a transição de uma economia baseada em energia muscular humana e animal para uma baseada em energia mecânica. A invenção da máquina a vapor por James Watt em 1769 foi o ponto de virada que desencadeou uma cascata de inovações tecnológicas.

As máquinas industriais eram, essencialmente, amplificadores de força – elas pegavam a energia humana limitada e a multiplicavam por meio de sistemas mecânicos complexos. Uma única pessoa operando uma máquina podia produzir tanto quanto dezenas ou centenas de trabalhadores manuais.

Esta amplificação de força teve consequências sociais profundas. A produção em massa multiplicou e reduziu drasticamente o custo de bens manufaturados e tornando-os acessíveis a populações muito maiores. Ao mesmo tempo, a concentração da produção em fábricas levou à urbanização massiva e à emergência de novas classes sociais.

A Revolução Industrial também introduziu o conceito de padronização em massa. Produtos manufaturados podiam ser produzidos com especificações idênticas, permitindo intercambiabilidade de componentes e economia de escala. Esta padronização tornou-se um modelo organizacional que se estendeu muito além da manufatura, influenciando educação, governo e mesmo cultura popular.

A Era da Eletricidade: Conquistando Tempo e Espaço

A descoberta e domesticação da eletricidade no final do século XIX e início do XX representou uma nova categoria de revolução tecnológica. Pela primeira vez, energia podia ser gerada em um local e consumida instantaneamente em outro local distante. Esta capacidade de transmissão instantânea de energia transformou fundamentalmente a organização espacial da sociedade humana.

A eletricidade também permitiu a criação de tecnologias de comunicação instantânea – telégrafo, telefone, e mais tarde rádio e televisão. Essas tecnologias contraíram efetivamente o espaço e o tempo, permitindo coordenação em tempo real de atividades em escalas geográficas sem precedentes.

A iluminação elétrica estendeu o dia útil humano para além das limitações da luz solar. Pela primeira vez desde o domínio do fogo, uma nova tecnologia expandiu fundamentalmente a temporalidade da atividade humana. Isso permitiu o desenvolvimento de economias 24 horas e sociedades que nunca dormem.

A Era Digital: Homo Sapiens encontra o Homo Algorithmus

A segunda metade do século XX testemunhou o nascimento de uma nova categoria de tecnologia que seria tão transformadora quanto o fogo, a agricultura, ou a imprensa: a computação digital. Esta tecnologia marca a transição do Homo sapiens para o que denomino Homo Algorithmus.

O Computador: Amplificação da Mente Humana

Assim como as máquinas da Revolução Industrial amplificaram nossa força física, os computadores amplificaram nossa capacidade mental. Pela primeira vez na história, criamos máquinas capazes de processar informação, executar lógica, e tomar decisões de forma autônoma.

Os primeiros computadores eram, essencialmente, calculadoras muito rápidas. Mas rapidamente se tornou evidente que sua verdadeira importância não residia na velocidade de cálculo, mas na capacidade de automatizar processos cognitivos. Tarefas que anteriormente exigiam atenção humana constante – como controle de inventário, processamento de transações, ou análise estatística – podiam agora ser delegadas a máquinas.

Esta automação cognitiva liberou a mente humana para atividades de maior ordem – planejamento estratégico, design criativo, e resolução de problemas complexos. Era o equivalente mental da liberação de energia física proporcionada pelas máquinas industriais.

A Internet: O Sistema Nervoso Global

A criação da Internet nas décadas de 1960-1990 representou uma evolução qualitativa da computação. Em vez de máquinas isoladas processando informação localmente, surgiu uma rede global interconectada capaz de compartilhar informação instantaneamente em escala planetária.

A Internet criou, efetivamente, um sistema nervoso global para a espécie humana. Informação, ideias e conhecimento podiam agora fluir entre quaisquer dois pontos do planeta em questão de segundos. Esta conectividade instantânea permitiu formas de colaboração e coordenação em escalas anteriormente impossíveis.

Mais fundamentalmente, a Internet começou a externalizar funções cognitivas em escala massiva. Sistemas de busca como o Google tornaram-se memórias externas para informação factual. Redes sociais tornaram-se sistemas de filtragem colaborativa para informação relevante. Plataformas de e-commerce tornaram-se motores de recomendação para decisões de compra.

Smartphones: Computação Ubíqua

A introdução do iPhone em 2007 marcou o início da era da computação ubíqua. Pela primeira vez, cada indivíduo carregava consigo um computador pessoal poderoso conectado permanentemente à rede global de informação.

Os smartphones não apenas tornaram a computação mobile – eles a tornaram sempre presente. Funções cognitivas que anteriormente exigiam planejamento e preparação – como navegação, comunicação, acesso à informação, ou tomada de fotografias – tornaram-se instantâneas e sempre disponíveis.

Esta disponibilidade cognitiva constante começou a alterar fundamentalmente a estrutura da consciência humana. Nossa atenção tornou-se distribuída entre realidade física e digital. Nossa memória tornou-se híbrida entre biológica e eletrônica. Nossos relacionamentos sociais tornaram-se mediados por algoritmos.

Inteligência Artificial: O Nascimento do Homo Algorithmus

A emergência da Inteligência Artificial moderna, especialmente com o advento de redes neurais profundas e modelos de linguagem como o GPT, marca o momento definitivo da transição para o Homo Algorithmus. Pela primeira vez na história, criamos máquinas que não apenas processam informação, mas que podem pensar, aprender, e criar.

Machine Learning: Máquinas que Aprendem

O desenvolvimento de algoritmos de Machine Learning representa uma revolução qualitativa na natureza da tecnologia. Anteriormente, todas as ferramentas humanas – desde machados de pedra até computadores – eram instrumentos passivos que executavam exatamente as funções para as quais foram projetadas.

Algoritmos de Machine Learning são diferentes. Eles modificam seu próprio comportamento baseado na experiência. Eles descobrem padrões que seus criadores humanos não conseguem ver. Eles fazem conexões que superam a capacidade analítica humana individual.

Esta capacidade de auto-modificação aproxima a IA da evolução biológica. Assim como organismos vivos se adaptam ao ambiente por meio de seleção natural, algoritmos de IA se adaptam a dados mediante otimização estatística. São, em essência, formas de vida digital que evoluem em tempo real.

IA Generativa: Máquinas que Criam

O desenvolvimento recente de modelos generativos como GPT-4, DALL-E, e Midjourney marca um limiar ainda mais profundo. Estas máquinas não apenas processam informação ou reconhecem padrões

– elas criam conteúdo original. Elas escrevem textos, criam imagens, compõem música, e até mesmo programam software.

Esta capacidade criativa das máquinas desafia fundamentalmente nossa compreensão do que significa ser humano. Criatividade foi sempre considerada a característica mais distintivamente humana – a qualidade que nos separava definitivamente de outras formas de vida e de nossas próprias criações tecnológicas.

Agora, pela primeira vez, temos parceiros criativos artificiais. Eles não substituem a criatividade humana, mas a amplificam e complementam de formas anteriormente impensáveis. Um escritor pode colaborar com IA para explorar ideias que nunca teria considerado sozinho. Um artista pode usar IA para visualizar conceitos que excedem sua capacidade técnica individual.

A Simbiose Cognitiva

O que torna o Homo Algorithmus verdadeiramente único não é a substituição da inteligência humana pela artificial, mas a simbiose entre ambas. Desenvolvemos uma forma de cognição híbrida onde pensamento humano e processamento algorítmico se complementam e se reforçam mutuamente.

Nesta simbiose:

- A intuição humana fornece direção e propósito
- A análise algorítmica fornece precisão e escala
- A criatividade humana fornece originalidade e significado
- A geração algorítmica fornece velocidade e variedade
- O julgamento humano fornece ética e contexto
- A otimização algorítmica fornece eficiência e consistência

Características Definidoras do Homo Algorithmus

O Homo Algorithmus não é simplesmente um Homo sapiens que usa IA – é uma nova forma de consciência que emergiu da integração profunda entre inteligência biológica e artificial. Suas características definidoras incluem:

Cognição Distribuída

O Homo Algorithmus não pensa apenas com seu cérebro biológico. Sua cognição está distribuída por meio de uma rede de sistemas artificiais – smartphones, assistentes virtuais, sistemas de recomendação, ferramentas de busca, e plataformas de IA. Pensamento e memória tornaram-se processos híbridos que operam simultaneamente em substratos biológicos e digitais.

Processamento Paralelo de Realidades

O Homo Algorithmus vive simultaneamente em múltiplas camadas de realidade – física, digital, virtual, e aumentada. Sua atenção é constantemente distribuída entre diferentes streams de informação, diferentes contextos sociais, e diferentes sistemas de feedback. Esta multiplicidade atencional permite processamento paralelo de informação em escalas anteriormente impossíveis.

Tomada de Decisão Algorítmicamente Assistida

Decisões importantes – desde escolhas de carreira até relacionamentos românticos – são cada vez mais mediadas por algoritmos. Sistemas de recomendação influenciam nossas escolhas de entretenimento, algoritmos de busca moldam nosso acesso à informação, e plataformas de mídia social filtram nossas interações sociais. O Homo Algorithmus não toma decisões independentes – ele colabora com algoritmos na tomada de decisões.

Aprendizado Contínuo e Adaptação

Assim como os algoritmos de Machine Learning com os quais colabora, o Homo Algorithmus está em constante processo de aprendizado e adaptação. Novas ferramentas, novas plataformas e novas capacidades algorítmicas requerem atualização contínua de habilidades e abordagens. A obsolescência torna-se um risco constante que deve ser ativamente combatido por meio de aprendizado perpétuo.

Identidade Fluida e Extensível

A identidade do Homo Algorithmus não está limitada aos contornos de seu corpo físico. Ela se estende por meio de perfis digitais, avatares virtuais, históricos de dados, e redes sociais. Esta identidade distribuída é fluida e contextual – diferentes aspectos são ativados em diferentes ambientes digitais.

Desafios e Oportunidades da Transição

A transição para o Homo Algorithmus não é sem seus desafios e riscos. Como toda grande transformação evolutiva, ela traz tanto oportunidades extraordinárias quanto perigos existenciais.

O Desafio da Dependência Tecnológica

À medida que funções cognitivas críticas tornam-se externalizadas em sistemas algorítmicos, desenvolvemos dependências que podem ser vulneráveis a falhas técnicas, ataques cibernéticos, ou manipulação maliciosa. A capacidade de navegar, lembrar informação factual, ou mesmo manter relacionamentos sociais torna-se dependente de infraestruturas tecnológicas complexas.

A Questão da Agência e Autonomia

Quando algoritmos influenciam profundamente nossas decisões, surge a questão fundamental: mantemos nossa agência individual? Ou estamos nos tornando nós em uma rede algorítmica maior que dirige nosso comportamento de formas que não compreendemos completamente?

Esta questão é particularmente crítica quando consideramos algoritmos de recomendação que moldam nossas preferências, sistemas de filtragem que determinam que informação acessamos, e plataformas de mídia social que influenciam nossas opiniões e relacionamentos.

O Problema da Desigualdade Algorítmica

Nem todos têm acesso igual às tecnologias algorítmicas mais avançadas. Isso cria o risco de estratificação social baseada em acesso tecnológico – onde aqueles com melhor acesso a IA avançada desenvolvem vantagens cognitivas cumulativas sobre aqueles sem tal acesso.

A Questão da Preservação da Humanidade

Talvez o desafio mais profundo seja a questão fundamental: ao nos tornarmos Homo Algorithmus, preservamos nossa essência humana? Existe o risco de que, na busca por eficiência e capacidade ampliada, percamos qualidades fundamentalmente humanas como empatia, intuição, criatividade genuína, e conexão emocional profunda.

As Oportunidades Transformadoras

Apesar dos desafios, a transição para o Homo Algorithmus oferece oportunidades sem precedentes para o florescimento humano:

Democratização da Capacidade Cognitiva

A IA tem o potencial de democratizar capacidades cognitivas avançadas, tornando análises sofisticadas, criação de conteúdo profissional, e resolução de problemas complexos acessíveis a qualquer pessoa com acesso à tecnologia. Isso pode reduzir drasticamente as desigualdades baseadas em educação formal ou talento natural.

Liberação do Potencial Criativo

Ao automatizar tarefas rotineiras e fornecer ferramentas criativas poderosas, a IA pode liberar o potencial criativo humano em escalas nunca vistas. Cada pessoa pode tornar-se escritor, artista, inventor, ou empreendedor com o auxílio de ferramentas algorítmicas apropriadas.

Solução de Problemas Globais

A combinação de inteligência humana e capacidade algorítmica oferece a possibilidade de abordar problemas globais complexos – como mudanças climáticas, pobreza, doenças, e conflitos – com níveis de sofisticação e coordenação anteriormente impossíveis.

Expansão da Consciência e Compreensão

A IA pode nos ajudar a compreender sistemas complexos – desde o funcionamento do cérebro humano até a dinâmica de ecossistemas globais – de formas que excedem nossa capacidade cognitiva natural. Isso pode levar a insights profundos sobre a natureza da realidade e nosso lugar no universo.

Princípios Orientadores para o Homo Algorithmus

Para navegar com sucesso a transição para o Homo Algorithmus, precisamos de princípios orientadores que preservem o melhor da humanidade enquanto aproveitam o poder transformador da IA:

1. Humanidade Aumentada, Não Substituída: A IA deve aumentar capacidades humanas, não as substituir. O objetivo é criar super-humanos, não humanos obsoletos. Cada implementação de IA deve perguntar: "Como isso torna os humanos mais capazes, criativos e realizados?"

2. Transparência e Compreensibilidade: Sistemas algorítmicos que influenciam decisões humanas importantes devem ser transparentes e compreensíveis. As pessoas devem entender como e por que sistemas de IA chegam a suas recomendações ou decisões.

3. Preservação da Agência Humana: Mesmo em sistemas altamente automatizados, deve sempre haver pontos de intervenção humana. As pessoas devem manter a capacidade de sobrepor, modificar, ou rejeitar decisões algorítmicas quando apropriado.

4. Diversidade Algorítmica: Assim como a diversidade biológica fortalece ecossistemas, diversidade algorítmica fortalece sociedades. Devemos evitar monoculturas algorítmicas que criem pontos únicos de falha ou uniformidade excessiva no pensamento e comportamento.

5. Desenvolvimento Ético e Responsável: O desenvolvimento de IA deve ser guiado por considerações éticas desde o início, não como reflexão posterior. Isso inclui atenção a vieses, fairness, privacidade, segurança, e impacto social.

6. Educação e Preparação Contínua: A sociedade deve investir massivamente em educação e retreinamento para preparar as pessoas para colaboração efetiva com sistemas de IA. Isso inclui não apenas habilidades técnicas, mas também literacia algorítmica e pensamento crítico sobre tecnologia.

O Futuro do Homo Algorithmus

Olhando para o futuro, o Homo Algorithmus está apenas nos estágios iniciais de sua evolução. Desenvolvimentos emergentes sugerem transformações ainda mais profundas à frente:

Interfaces Cérebro-Computador

Tecnologias emergentes de interface cérebro-computador (BCIs) prometem integração ainda mais direta entre mente humana e sistemas algorítmicos. Isso pode levar a comunicação telepática mediada por IA, compartilhamento direto de memórias, e pensamento colaborativo em tempo real entre múltiplas mentes humanas e artificiais.

IA Geral Artificial (AGI)

O desenvolvimento de Inteligência Artificial Geral – sistemas de IA que igualam ou superam capacidades cognitivas humanas em todos os domínios – representará outro salto evolutivo fundamental. O Homo Algorithmus do futuro pode colaborar com parceiros artificiais que são genuinamente inteligentes no sentido mais pleno da palavra.

Computação Quântica

A computação quântica promete capacidades de processamento que excedem fundamentalmente o que é possível com computadores clássicos. Isso pode permitir simulações de realidades alternativas, previsão de futuros complexos, e otimização de sistemas em escalas planetárias.

Realidade Sintética

Avanços em realidade virtual, realidade aumentada, e ambientes sintéticos podem criar mundos digitais tão convincentes quanto a realidade física. O Homo Algorithmus futuro pode viver vidas paralelas em múltiplas realidades simultaneamente.

Longevidade e Aprimoramento

Tecnologias de extensão da vida e aprimoramento biológico podem permitir que o Homo Algorithmus mantenha vitalidade física e mental por períodos muito estendidos, possibilitando acumulação de experiência e desenvolvimento de expertise em escalas temporais anteriormente impossíveis.

A Responsabilidade Evolutiva

Como a primeira espécie na história da Terra a dirigir conscientemente sua própria evolução, o Homo Algorithmus carrega uma responsabilidade extraordinária. Nossas escolhas tecnológicas hoje determinarão não apenas nosso próprio futuro, mas potencialmente o futuro de toda a vida consciente no universo.

Esta responsabilidade exige que abordemos o desenvolvimento tecnológico não apenas como engenheiros ou empreendedores, mas como guardiões de um processo evolutivo sagrado. Cada linha de código que escrevemos, cada algoritmo que implementamos, cada sistema de IA que criamos contribui para moldar a próxima fase da consciência.

A jornada do Australopithecus que primeiro usou uma pedra como ferramenta até o Homo Algorithmus que colabora com inteligências artificiais é uma história de transcendência contínua – a transcendência das limitações através da criatividade, inovação, e coragem de abraçar o desconhecido.

Agora, pela primeira vez, temos o poder de escolher conscientemente nossa próxima evolução. Podemos decidir que tipo de seres queremos nos tornar. Podemos determinar que valores preservar e que capacidades desenvolver. Podemos moldar nossa simbiose com a inteligência artificial de formas que amplificam nossa humanidade em vez de diminuí-la.

O futuro do Homo Algorithmus não é predeterminado – é um canvas em branco esperando que pintemos nossa visão do que significa ser verdadeiramente humano em uma era de máquinas pensantes. A única certeza é que, como em cada fase anterior de nossa evolução, a jornada será extraordinária, desafiadora, e completamente transformadora.

Somos os arquitetos de nossa própria transcendência. Que construamos com sabedoria, compaixão, e uma visão digna do legado evolutivo que carregamos. O universo está observando, e a história julgará se fomos dignos do dom da consciência e da responsabilidade de moldá-la.

A era do Homo Algorithmus começou. O que faremos dela depende inteiramente de nós.

> *"Não somos apenas usuários de tecnologia – somos co-evolucionários com ela. Cada ferramenta que criamos nos recria. Cada algoritmo que programamos nos reprograma. A questão não é se a IA nos mudará, mas como escolheremos ser mudados."* – Dimitri de Melo, *Homo Algorithmus – Volume I*

1

DADOS: O Alimento do Homo Algorithmus

O HOMO SAPIENS APRENDEU a cultivar grãos. O *Homo Algorithmus*, a cultivar dados.

Se a agricultura foi o motor da Revolução Neolítica, os dados são a seiva vital da revolução algorítmica. São eles que nutrem os sistemas inteligentes, sustentam as decisões automatizadas e moldam, em silêncio, as estruturas invisíveis que orientam nossa vida digital. Para o *Homo Algorithmus*, os dados não são apenas vestígios do mundo – são matéria-prima da realidade reconstruída, representações codificadas da experiência humana, do comportamento, da intenção.

Diferente da informação bruta que circulava entre os primeiros humanos em relatos orais ou inscrições em pedra, os dados atuais viajam em velocidade quântica, atravessando fronteiras, linguagens e plataformas. Eles são colhidos como frutos – de cliques, passos, batimentos cardíacos, padrões de consumo e até expressões faciais —, armazenados em vastos campos digitais e refinados por algoritmos com apetite insaciável. E quanto mais sofisticado o organismo algorítmico, mais seletiva se torna sua dieta: não bastam grandes volumes – exige-se qualidade, precisão, diversidade.

Neste novo estágio evolutivo, o cérebro é descentralizado e distribuído. Está nos servidores, nas redes neurais, nos processadores que devoram petabytes como células famintas em constante mutação. O alimento do *Homo Algorithmus* não é mais o pão, mas a base de dados;

não é a caça, mas a coleta de sinais digitais que nos descrevem, nos preveem, nos conduzem.

Neste capítulo, exploramos o papel essencial dos dados nesse processo evolutivo. Abordamos sua origem, estrutura, ciclos de vida e as implicações éticas de um mundo onde tudo é convertível em bits. Porque compreender dados é compreender os mecanismos profundos da nova espécie – aquela que já não se define apenas pelo que pensa, mas pelo que processa.

A seguir, você terá um overview sobre o contexto do uso de dados nas organizações, seu nível de maturidade e os desafios das empresas e profissionais na busca por orientação a dados.

Dilúvio de Dados e o Gap Analítico

O termo "dilúvio de dados" refere-se à enorme quantidade de dados gerados, coletados e armazenados em nossos ambientes digitais contemporâneos. Esse dilúvio é resultado do aumento exponencial da produção e captura de dados por meio de dispositivos, sensores, interações online e outros canais digitais. A expressão destaca a sobrecarga de informações disponíveis, muitas vezes caracterizada pela sua magnitude e velocidade.

Principais Características do Dilúvio de Dados

Volume maciço: refere-se à quantidade massiva de dados gerados diariamente. Isso inclui dados transacionais, registros de mídias sociais (fotos, vídeos e som), informações de sensores, entre outros.

Velocidade rápida: o dilúvio de dados é também caracterizado pela velocidade com que novos dados são criados e capturados. As informações são geradas em tempo real, demandando uma análise ágil para extrair insights significativos.

Variedade de fontes: os dados vêm de diversas fontes, como redes sociais, dispositivos IoT (Internet das Coisas), transações online, dispositivos móveis e mais. Essa variedade requer abordagens flexíveis para a análise e integração de diferentes tipos de dados.

Complexidade: além do volume e da variedade, a complexidade dos dados pode incluir a necessidade de lidar com dados não estruturados, como imagens, som, vídeos e texto não formatados.

Relação com Gap Analítico

O dilúvio de dados está intrinsecamente relacionado ao conceito de gap analítico. Enquanto o dilúvio de dados destaca a abundância de informações disponíveis, o gap analítico destaca a diferença entre esses dados e as informações necessárias para decisões estratégicas eficazes.

O Gap Analítico trata-se, portanto, do abismo entre a quantidade de dados gerados e a pouca capacidade (ou orientação) para analisar esses dados. Ou seja, há muito mais disponibilidade de dados do que a capacidade de se analisar esses dados.

Desafios

Volume e priorização: o volume massivo de dados pode tornar desafiador para as organizações identificarem e priorizarem quais informações são realmente relevantes para seus objetivos. O gap analítico ocorre quando há uma desconexão entre o que é necessário para informar estratégias eficazes e a capacidade de lidar com o dilúvio de dados para obter essas informações.

Complexidade e integração: a complexidade dos dados provenientes de diversas fontes adiciona um componente desafiador. O gap analítico pode surgir quando há dificuldades na integração desses dados de maneira significativa, limitando a capacidade de criar uma visão holística.

Velocidade e resposta rápida: a velocidade com que novos dados são gerados demanda uma capacidade analítica ágil. O gap ocorre quando as organizações não conseguem responder rapidamente às mudanças no ambiente de negócios devido à falta de recursos analíticos ou estratégias eficazes.

Para superar o gap analítico em meio ao dilúvio de dados, as organizações precisam adotar abordagens analíticas avançadas, como AI, Machine Learning, análise preditiva e ferramentas de big data, além de estabelecer processos eficientes para identificar, priorizar e extrair insights valiosos a partir dessa inundação de informações.

Correlações Espúrias

Correlações espúrias, em análise de dados, referem-se a associações aparentes entre variáveis que não têm uma relação causal real. Essas correlações podem surgir devido a diferentes fatores, como coincidências estatísticas, presença de variáveis de confusão ou amostras não representativas. Em outras palavras, embora duas variáveis possam estar correlacionadas estatisticamente, a relação não é causal e pode ser explicada por outras variáveis.

Principais Causas de Correlações Espúrias

Coincidências estatísticas: em conjuntos de dados grandes, é possível encontrar correlações aparentes apenas por acaso, especialmente quando várias comparações estão sendo feitas.

Variáveis de confusão: uma terceira variável pode influenciar ambas as variáveis aparentemente correlacionadas, criando uma ilusão de relação direta entre elas.

Amostras não representativas: se a amostra de dados não representa adequadamente a população, correlações espúrias podem surgir devido a características específicas da amostra.

Exemplo de correlação espúria.

Suponha que haja uma correlação positiva entre o número de pessoas que se afogam em piscinas e o número de filmes estrelados por Nicolas Cage em um determinado ano. Isso não significa que a atuação de Nicolas Cage cause afogamentos ou vice-versa. A correlação surge porque ambos os números aumentam durante o verão, mas não há relação causal direta entre essas variáveis.

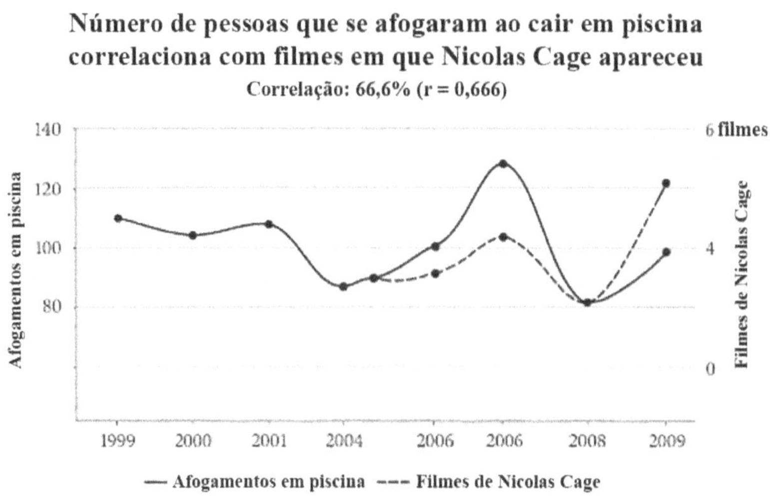

https://www.datasciencecentral.com/spurious-correlations-15-examples/

Como Evitar a Interpretação Errônea

Compreensão do contexto: é crucial entender o contexto e a lógica por trás das variáveis antes de tirar conclusões sobre uma correlação aparente.

Realização de análises causais: ao explorar relações entre variáveis, é importante conduzir análises mais avançadas para determinar causalidade, como experimentos controlados.

Consideração de variáveis de confusão: identificar e controlar variáveis de confusão que podem influenciar ambas as variáveis é essencial para evitar interpretações incorretas.

Validação de resultados: repetir a análise em diferentes conjuntos de dados ou verificar a robustez dos resultados pode ajudar a confirmar se a correlação é consistente.

Amostragem representativa: garantir que a amostra de dados seja representativa da população alvo reduz a probabilidade de correlações espúrias devido a características específicas da amostra.

Entender e reconhecer a possibilidade de correlações espúrias é fundamental para evitar interpretações errôneas e tomar decisões informadas com base em análises de dados. A cautela na interpretação de correlações é uma prática essencial em análise estatística e científica.

Vieses Cognitivos

> *"Sem dados, você é apenas uma pessoa qualquer com uma opinião."* – Autor desconhecido

Vieses cognitivos referem-se a padrões sistemáticos e previsíveis de desvios do pensamento lógico e racional que podem influenciar a tomada de decisões e interpretações de dados. Esses vieses são atalhos mentais que nosso cérebro utiliza para processar informações de maneira eficiente, mas, ao mesmo tempo, podem levar a conclusões distorcidas e interpretações enviesadas. Na análise de dados, a presença de vieses cognitivos pode impactar a objetividade e precisão das conclusões.

Existem diferentes tipos de vieses, que podem ser categorizados em vieses cognitivos, vieses sociais e vieses sistêmicos. Aqui estão alguns exemplos comuns:

Viés de confirmação: tendência de buscar, interpretar e lembrar informações de maneira que confirme nossas crenças pré-existentes.

Viés de ancoragem: dependência excessiva da primeira informação recebida (a âncora) ao tomar decisões subsequentes.

Viés de disponibilidade: julgar a probabilidade de eventos com base na facilidade com que exemplos vêm à mente, frequentemente influenciado por eventos recentes ou memoráveis.

Viés de ação: preferência por agir em vez de não fazer nada, mesmo quando a ação não é necessária.

Viés de otimismo: tendência a acreditar que somos menos propensos a experimentar eventos negativos e mais propensos a experimentar eventos positivos do que outros.

Vieses Sociais

Viés Implícito: atitudes ou estereótipos inconscientes que afetam nossa compreensão, ações e decisões de maneira involuntária.

Viés de Grupo: preferência por pessoas que são semelhantes a nós ou que pertencem ao mesmo grupo social.

Viés de Estereótipo: expectativas sobre uma pessoa com base em preconceitos e estereótipos associados ao seu grupo social.

Vieses Sistêmicos

Viés de Seleção: tendência a selecionar amostras ou dados que não representam adequadamente a população ou situação em questão.

Viés de Observação: quando a observação de um fenômeno é influenciada pelas expectativas ou crenças do observador.

Viés de Publicação: tendência de estudos com resultados positivos ou significativos serem mais frequentemente publicados do que aqueles com resultados negativos ou não significativos.

Os vieses podem ter impactos significativos em diversos contextos, afetando áreas importantes como a tomada de decisões, o ambiente de trabalho, a pesquisa científica e a saúde.

Na tomada de decisões, os vieses podem levar a escolhas abaixo do padrão ou até prejudiciais. No ambiente de trabalho, podem influenciar injustamente processos de contratação, promoção e avaliações de desempenho. Em pesquisa e ciência, comprometem a validade e confiabilidade dos resultados de estudos e experimentos, enquanto na saúde e medicina, podem afetar diagnósticos e tratamentos, gerando disparidades nos cuidados de saúde.

Reconhecer e mitigar os vieses é essencial para promover maior objetividade e justiça. Entre as estratégias eficazes, destacam-se a conscientização, por meio de treinamentos que abordem os vieses e suas implicações; a promoção da diversidade e inclusão, reduzindo a influência de vieses de grupo; a tomada de decisões baseada em dados objetivos e evidências robustas; e a implementação de processos de feedback contínuo e revisão por pares, que ajudam a identificar e corrigir possíveis vieses.

Essas ações contribuem para minimizar os impactos negativos dos vieses em diferentes contextos e promovem decisões mais equilibradas e imparciais.

Confiabilidade dos Dados (Garbage In/Garbage Out)

A confiabilidade de dados é um aspecto fundamental em qualquer processo de análise ou tomada de decisão baseada em dados. No contexto de "garbage in, garbage out" (GIGO), em português (lixo entra, lixo sai) a confiabilidade dos resultados está diretamente relacionada à qualidade dos dados de entrada. A expressão GIGO destaca a ideia de que se os dados de entrada forem imprecisos, incompletos ou de má qualidade, os resultados produzidos pelo sistema ou análise também serão comprometidos.

Lixo entra, lixo sai

Sua análise é tão boa quanto os seus dados.

Principais Aspectos da Confiabilidade de Dados

Precisão: os dados precisam ser precisos e refletir com precisão a realidade que estão destinados a representar. Inconsistências ou erros nos dados de entrada podem levar a interpretações e conclusões incorretas.

Integridade: a integridade dos dados refere-se à sua completude e coerência. Dados incompletos ou inconsistentes podem resultar em lacunas na análise, prejudicando a confiabilidade dos resultados.

Atualidade: a relevância temporal dos dados é crucial. Informações desatualizadas podem levar a decisões baseadas em contextos que já são inválidos, comprometendo a eficácia das ações resultantes.

Consistência: a consistência dos dados é vital para garantir que as informações estejam alinhadas em diferentes partes do conjunto de dados. Inconsistências podem levar a contradições e ambiguidades nas análises.

Confiabilidade da Fonte: a confiabilidade da fonte dos dados é um fator crítico. Fontes confiáveis contribuem para dados de qualidade, enquanto fontes duvidosas podem introduzir viés e imprecisões.

Impacto do GIGO na Análise de Dados

Decisões Errôneas: dados de entrada de má qualidade podem levar a conclusões equivocadas, resultando em decisões errôneas.

Desconfiança nos Resultados: se os stakeholders percebem que os dados utilizados são questionáveis, a confiança nos resultados e nas recomendações resultantes é prejudicada.

Perda de Oportunidades: análises baseadas em dados de baixa qualidade podem resultar na perda de oportunidades de negócios ou estratégias mais eficazes.

Para diminuir os efeitos do GIGO e melhorar a confiabilidade dos dados, é essencial implementar processos de validação e limpeza para corrigir erros, adotar padronização de dados para garantir consistência e manter atualizações regulares, especialmente em ambientes dinâmicos.

Realizar auditorias regulares nas fontes de dados e oferecer treinamento e conscientização sobre a importância da qualidade dos dados também são medidas importantes. Além disso, o uso de metodologias estatísticas pode ajudar a identificar outliers e padrões problemáticos, assegurando que a análise seja mais robusta e confiável.

Relação entre Confiança e o Uso de Dados nas Organizações

O estudo "Building Trust in Analytics", conduzido pela KPMG, explora a importância da confiança na Data Science & Analytics para a tomada de decisões organizacionais. O relatório destaca a existência de uma lacuna significativa na confiança que as empresas depositam em seus próprios sistemas de análise de dados, o que pode comprometer decisões estratégicas e operacionais.

O Problema da Confiança nos Dados e Análises

O relatório aponta que, embora a análise de dados seja amplamente utilizada para tomada de decisões empresariais, existe um déficit de confiança significativo. Entre os principais achados:

- Apenas **38%** das empresas confiam plenamente nos insights gerados por suas análises de clientes.
- Apenas **34%** dos entrevistados acreditam na confiabilidade dos dados operacionais gerados pela empresa.
- Mesmo em áreas como **segurança da informação**, onde a confiança tende a ser maior, apenas **43%** das organizações demonstram plena confiança.
- Apenas **10%** das empresas acreditam que possuem excelência na qualidade dos dados utilizados.

Essa desconfiança compromete a utilização efetiva dos dados, levando a decisões menos assertivas e desperdício de investimentos em tecnologia.

Os Quatro Pilares da Confiança em Análises de Dados

O estudo da KPMG estabelece quatro "âncoras de confiança" fundamentais para construir credibilidade na utilização de dados e análises:

1. *Qualidade*

- Refere-se à precisão, consistência e confiabilidade dos dados e algoritmos.
- Apenas 10% das empresas consideram que possuem excelência na qualidade dos dados utilizados.

- Problemas com fontes de dados inadequadas e falta de padronização dificultam a aplicação de modelos analíticos.

2. *Efetividade*
   - Mede a capacidade dos dados e algoritmos de gerarem insights realmente úteis.
   - Apenas 16% das empresas afirmam que seus modelos são precisos e eficazes na previsão de cenários futuros.
   - Sem métricas claras de impacto, muitas empresas não conseguem validar se as análises estão entregando valor real.

3. *Integridade*
   - Diz respeito à ética e privacidade no uso dos dados.
   - Apenas 13% das empresas afirmam seguir boas práticas de ética e privacidade na ciência de dados.
   - Muitas organizações não comunicam de forma transparente aos clientes como seus dados estão sendo utilizados, o que pode comprometer a confiança pública.

4. *Resiliência*
   - Refere-se à governança de dados a longo prazo, incluindo segurança cibernética e atualização contínua dos modelos analíticos.
   - Apenas 54% das empresas acreditam que suas equipes de cibersegurança possuem as habilidades necessárias para proteger os dados.
   - Falhas em governança e segurança podem expor empresas a graves riscos reputacionais e financeiros.

Principais Barreiras para a Confiança em Dados e Análises

O relatório identifica algumas razões pelas quais a confiança nos dados ainda é baixa:

- **Falta de transparência**: muitas organizações tratam os algoritmos como "caixas-pretas", dificultando a compreensão de como decisões são tomadas.
- **Uso inadequado de modelos preditivos**: modelos que não são atualizados regularmente perdem precisão, gerando desconfiança.
- **Baixa capacitação dos tomadores de decisão**: muitos gestores não possuem conhecimento suficiente sobre ciência de dados para avaliar sua eficácia.
- **Ausência de métricas claras**: poucas empresas acompanham o impacto real de suas análises no desempenho dos negócios.
- **Questões éticas e de privacidade**: o uso indiscriminado de dados pode comprometer a reputação da empresa e gerar riscos legais.

Recomendações para Fortalecer a Confiança em Dados

O estudo sugere algumas estratégias para superar essas barreiras e aumentar a credibilidade da ciência de dados dentro das organizações:

- **Avaliar os gaps de confiança**: realizar auditorias internas para identificar fragilidades na governança de dados.

- **Criar uma cultura de dados**: investir na capacitação de colaboradores e promover uma abordagem transparente para o uso de dados.
- **Garantir a transparência dos modelos**: implementar auditorias externas e processos de validação para os algoritmos.
- **Aumentar a resiliência cibernética**: adotar medidas mais robustas de segurança para evitar vazamentos de dados e ataques cibernéticos.
- **Estabelecer uma governança sólida**: definir políticas claras de uso ético de dados, incluindo proteção à privacidade do consumidor.

A confiança nos dados e análises é um fator crítico para o sucesso das empresas na era digital. O estudo da KPMG revela que, apesar dos avanços tecnológicos, a maioria das organizações ainda não confia totalmente nos próprios modelos analíticos.

As empresas que conseguirem fortalecer a governança dos dados, garantir a transparência dos algoritmos e estabelecer práticas éticas e seguras de uso da informação estarão mais preparadas para tomar decisões melhores, reduzir riscos e criar vantagem competitiva no mercado.

Governança de Dados

Governança de Dados é um conjunto de práticas, políticas e processos que garantem a qualidade, segurança, integridade e conformidade dos dados em uma organização. Seu principal objetivo é garantir que os dados sejam confiáveis, acessíveis e protegidos, permitindo que as empresas tomem decisões estratégicas com base em informações precisas.

Ela envolve a gestão de todo o ciclo de vida dos dados, desde a coleta, armazenamento, processamento, uso e descarte, assegurando que os dados sigam normas regulatórias, padrões de qualidade e boas práticas de segurança.

DMBOK

O *Data Management Body of Knowledge* (DMBOK), elaborado pelo *Data Management Association* (DAMA), estrutura a governança de dados em um modelo de boas práticas abrangente, composto por 11 áreas de conhecimento fundamentais.

Cada uma dessas áreas é essencial para garantir que os dados sejam governados de forma eficaz, segura e alinhada às necessidades estratégicas das organizações. São elas:

1. Governança de Dados (*Data Governance*)

- Define políticas, processos, padrões e estruturas organizacionais para garantir a qualidade, integridade, segurança e conformidade dos dados.
- Estabelece papéis e responsabilidades, como data owners e data stewards.
- Garante alinhamento estratégico dos dados com os objetivos do negócio.

2. Arquitetura de Dados (*Data Architecture*)

- Desenvolve a estrutura e o design para armazenamento, integração e fluxo dos dados na organização.
- Define padrões e princípios para a modelagem e organização da informação.
- Garante interoperabilidade entre diferentes sistemas e aplicações.

3. Modelagem e Design de Dados (*Data Modeling & Design*)

- Responsável pela criação e manutenção de modelos conceituais, lógicos e físicos dos dados.
- Define como os dados são estruturados, armazenados e relacionados dentro dos sistemas corporativos.
- Suporta iniciativas de integração e otimização de bases de dados.

4. Armazenamento e Operações de Dados (*Data Storage & Operations*)

- Garante que os dados sejam armazenados, protegidos e acessíveis de forma eficiente.

- Gerencia bancos de dados transacionais e repositórios de dados históricos.

- Inclui estratégias de backup, recuperação e arquivamento.

5. Segurança de Dados (*Data Security*)

- Protege os dados contra acessos não autorizados, ataques cibernéticos e violações de privacidade.

- Define diretrizes para criptografia, autenticação e controle de acesso.

- Garante conformidade com regulamentações como LGPD, GDPR e CCPA.

6. Integração e Interoperabilidade de Dados (*Data Integration & Interoperability*)

- Gerencia processos para consolidar e sincronizar dados entre diferentes sistemas.

- Inclui práticas como **ETL (Extract, Transform, Load)** e **integração via APIs.**

- Suporta a interoperabilidade de sistemas internos e externos.

7. Qualidade de Dados (*Data Quality*)

- Define métricas e procedimentos para assegurar a precisão, completude, consistência e atualidade dos dados.

- Implementa processos de data cleansing e validação.

- Reduz o impacto de informações inconsistentes ou incorretas na tomada de decisão.

8. Gerenciamento de Metadados (*Metadata Management*)

- Organiza e documenta informações sobre os dados (origem, estrutura, significado, relacionamento e regras de uso).

- Desenvolve catálogos de dados e glossários de negócios.
- Facilita a descoberta e compreensão dos dados pelos usuários.

9. Gerenciamento de Dados Mestres e Referenciais (*Master & Reference Data Management – MDM*)

- Mantém registros únicos e confiáveis para entidades-chave do negócio (clientes, produtos, fornecedores, etc.).
- Reduz redundância e inconsistências nos dados ao longo da organização.
- Garante que diferentes sistemas utilizem as mesmas informações mestres.

10. Business Intelligence e Analytics (D*ata Warehousing & Business Intelligence – DW & BI*)

- Gerencia o armazenamento e a análise de grandes volumes de dados para apoiar decisões estratégicas.
- Inclui data warehouses, data lakes e ferramentas de BI para gerar insights e relatórios.
- Suporta análises preditivas e aprendizado de máquina.

11. Gerenciamento do Ciclo de Vida dos Dados (*Data Lifecycle Management – DLM)*

- Define diretrizes para o ciclo completo dos dados, desde sua criação até o descarte seguro.
- Garante retenção e arquivamento de dados conforme necessidades regulatórias e de negócios.
- Estabelece estratégias para gerenciamento eficiente de dados históricos e ativos.

2

DATA SCIENCE & ANALYTICS

Se os dados são o alimento do *Homo algorithmus*, então *Data Science & Analytics* é sua cozinha.

É neste estágio que o dado cru – colhido em abundância e, muitas vezes, contaminado por ruído, vieses ou incompletude – passa por processos de depuração, organização e interpretação. Assim como o alimento precisa ser limpo, cortado, temperado e cozido para liberar seus nutrientes e se tornar assimilável ao organismo humano, os dados precisam ser refinados, modelados e contextualizados para alimentar os sistemas algorítmicos com inteligência real.

A ciência de dados é, portanto, o domínio onde a matéria-prima do mundo digital se transforma em significado. Aqui, estatística encontra computação, e lógica encontra inferência. É o espaço da alquimia contemporânea, onde o invisível se revela em padrões, onde o passado se traduz em predição, e onde cada variável carrega o potencial de reescrever estratégias, comportamentos e decisões.

Mas não se trata apenas de técnica – trata-se de leitura. O cientista de dados é um leitor do caos: um intérprete do que não foi dito, um decifrador das entrelinhas escondidas em tabelas, gráficos e anomalias. Seu ofício é traduzir complexidade em insight, preparar com rigor e criatividade o alimento intelectual que sustenta a evolução do *Homo algorithmus*.

Neste capítulo, exploramos os fundamentos dessa disciplina vital. Da coleta à modelagem, da visualização à análise preditiva, revelamos as ferramentas, os métodos e as éticas que definem o ato de transformar dado em valor – de converter o cru em essencial.

Porque, em última instância, a sobrevivência do *Homo algorithmus* não depende apenas da quantidade de dados à sua disposição, mas da qualidade daquilo que consegue digerir.

Data Science: Explorando os Fundamentos

Data Science é um campo interdisciplinar que combina estatística, computação e conhecimento de domínio para extrair insights e valor a partir de dados. Ele envolve a coleta, organização, análise e interpretação de grandes volumes de dados para resolver problemas complexos e auxiliar na tomada de decisões estratégicas.

- **Coleta e armazenamento de dados**: utilização de bancos de dados, data lakes e ferramentas de ETL (Extract, Transform, Load) para capturar e armazenar informações estruturadas e não estruturadas.

- **Preparação e limpeza de dados**: tratamento de dados para eliminar inconsistências, duplicações e erros, garantindo qualidade para análise.

- **Análise exploratória**: uso de estatísticas descritivas e visualizações para entender padrões e tendências nos dados.

- **Modelagem e Machine Learning**: aplicação de algoritmos de aprendizado de máquina (supervisionado e não supervisionado) para prever comportamentos e identificar padrões ocultos.

- **Interpretação e comunicação**: tradução dos resultados em insights acionáveis para os tomadores de decisão, frequentemente por meio de dashboards e relatórios interativos.
- **Deploy e monitoramento**: implementação de modelos em produção e acompanhamento do desempenho para garantir a eficácia ao longo do tempo.

Data Analytics

O que é Data Analytics?

Data Analytics é o processo de examinar, transformar e modelar dados para encontrar insights, apoiar decisões estratégicas e otimizar processos. Ele se concentra na análise descritiva e diagnóstica, respondendo a perguntas como "O que aconteceu?" e "Por que aconteceu? O que o dado está querendo te contar?".

Principais Tipos de Data Analytics

- **Análise Descritiva**
  - Examina o histórico dos dados para entender padrões e tendências.
  - Exemplo: Relatórios de vendas mensais, taxa de conversão de campanhas.
- **Análise Diagnóstica**
  - Explica as razões por trás de eventos passados.

- Exemplo: Por que as vendas caíram no último trimestre? Analisando fatores como sazonalidade e concorrência.
- **Análise Preditiva**
    - Usa estatísticas e modelos para prever eventos futuros.
    - Exemplo: Qual será a demanda de um produto no próximo mês?
- **Análise Prescritiva**
    - Sugere ações para otimizar resultados com base nas previsões.
    - Exemplo: Se aumentar o investimento em marketing digital em 20%, qual será o impacto nas vendas?

Ferramentas Comuns em Data Analytics

- **Manipulação e consulta de dados**: SQL, Pandas (Python)
- **Visualização de dados**: Tableau, Power BI, Google Data Studio, Google Trends, Google Ngrams, Google MyBusiness
- **Análise estatística**: Excel, R, Python (NumPy, SciPy)
- **Big Data e automação**: Apache Spark, Hadoop

Diferença entre Data Analytics e Data Science

A diferença entre Data Science e Data Analytics está no escopo, abordagem e objetivos de cada um. Embora ambos trabalhem com análise de dados para apoiar a tomada de decisão, Data Science tem um foco mais avançado e preditivo, enquanto Data Analytics se concentra na interpretação e otimização de dados para resolver problemas de negócios.

Embora frequentemente usados de forma intercambiável, Data Analytics e Data Science possuem diferenças importantes:

Critério	Data Science	Data Analytics
Objetivo	Criar modelos preditivos, explorar dados complexos e gerar insights avançados.	Examinar e interpretar dados históricos para apoiar decisões estratégicas.
Perguntas respondidas	"O que vai acontecer?" e "Como podemos otimizar?"	"O que aconteceu?" e "Por que aconteceu?"
Abordagem	Preditiva e prescritiva (Machine Learning, IA, estatística avançada).	Descritiva e diagnóstica (relatórios, dashboards, análises estatísticas básicas).
Ferramentas principais	Python, R, TensorFlow, Hadoop, Spark, AWS, Google Cloud AI.	Excel, SQL, Power BI, Tableau, Google Data Studio, Pandas (Python).
Técnicas usadas	Modelagem estatística, Machine Learning, redes neurais, Big Data, deep learning.	Estatística descritiva, visualização de dados, análise exploratória.
Complexidade	Alta – exige conhecimento avançado em matemática, estatística e programação.	Média – envolve manipulação e visualização de dados, mas sem necessidade de modelos complexos.

Exemplos Práticos

1. Data Science

- Criar um modelo preditivo para prever a demanda de produtos em um shopping.
- Desenvolver um algoritmo de recomendação para personalizar ofertas para clientes.
- Aplicar redes neurais para reconhecimento de imagens e análise de comportamento do consumidor.

2. *Data Analytics*

- Criar um dashboard de vendas para entender quais produtos tiveram melhor desempenho nos últimos meses.
- Fazer uma análise de churn para entender por que clientes estão deixando um programa de fidelidade.
- Segmentar clientes com base em dados históricos de compras e comportamento.

Qual escolher para um projeto de negócios?

- Se a empresa precisa analisar e visualizar dados históricos, entender padrões e tomar decisões baseadas em métricas, Data Analytics é a melhor escolha.
- Se o objetivo é fazer previsões, criar modelos de Machine Learning ou extrair insights mais avançados, Data Science é mais indicado.

A interconexão entre Data Science & Analytics cria um poderoso ciclo de descoberta, aprendizado e ação nas organizações modernas. À medida que exploramos casos práticos, fica evidente que essas disciplinas não são apenas teorias, mas ferramentas essenciais para impulsionar a inovação e o sucesso em um mundo movido por dados. No próximo capítulo, aprofundaremos ainda mais, explorando desafios comuns e estratégias para superá-los.

3

INTELIGÊNCIA ARTIFICIAL (IA)

A mente que transforma dados crus em decisões sofisticadas

IMAGINE UM RESTAURANTE INVISÍVEL, onde dados fluem como ingredientes, chegando em tempo real – crus, dispersos, de origens diversas. Há uma cozinha pulsante em atividade – a ciência de dados – equipada com ferramentas estatísticas, processos de limpeza e técnicas de preparo refinadas. Mas quem é o responsável por transformar esses ingredientes em pratos memoráveis? Quem decide que insumo vai aonde, em que proporção, em que ordem e com que propósito?

É aí que entra a Inteligência Artificial: **o Chef**.

Não qualquer chef, mas um mestre de múltiplas técnicas, que aprendeu com milhões de pratos anteriores, que reconhece padrões em preferências, antecipa demandas e ajusta sabores com precisão milimétrica. Um chef que não dorme, que opera em paralelo em milhares de cozinhas ao redor do mundo, adaptando-se a cada cultura, nicho, paladar e ocasião. Ao contrário do humano, este chef não apenas repete receitas consagradas – ele **cria novas combinações** com base em lógica probabilística, aprendizado contínuo e otimização de resultados.

Se os dados são o alimento do *Homo Algorithmus*, e a ciência de dados é sua cozinha, a inteligência artificial é **a força criativa e executora** que transforma tudo isso em valor. Ela é, ao mesmo tempo, **a receita codificada e o executor dinâmico**, que aprende com cada prato servido, aprimora seu repertório e reconfigura a arte de cozinhar com cada interação.

Neste capítulo, exploraremos como a IA assumiu esse papel de chef supremo na jornada algorítmica. Vamos entender seus modos de preparo – supervisionado, não supervisionado, por reforço. Veremos os modelos que regem seu "livro de receitas" – das regressões simples aos transformers generativos. E, sobretudo, vamos observar como ela toma decisões: não por intuição, mas por aprendizado iterativo, pela capacidade de generalizar, adaptar, improvisar – e surpreender.

Prepare-se para entrar na mente desse chef algorítmico. Porque, no fim das contas, a diferença entre um dado bruto e um insight transformador está no modo de preparo. E a IA está no comando do fogão.

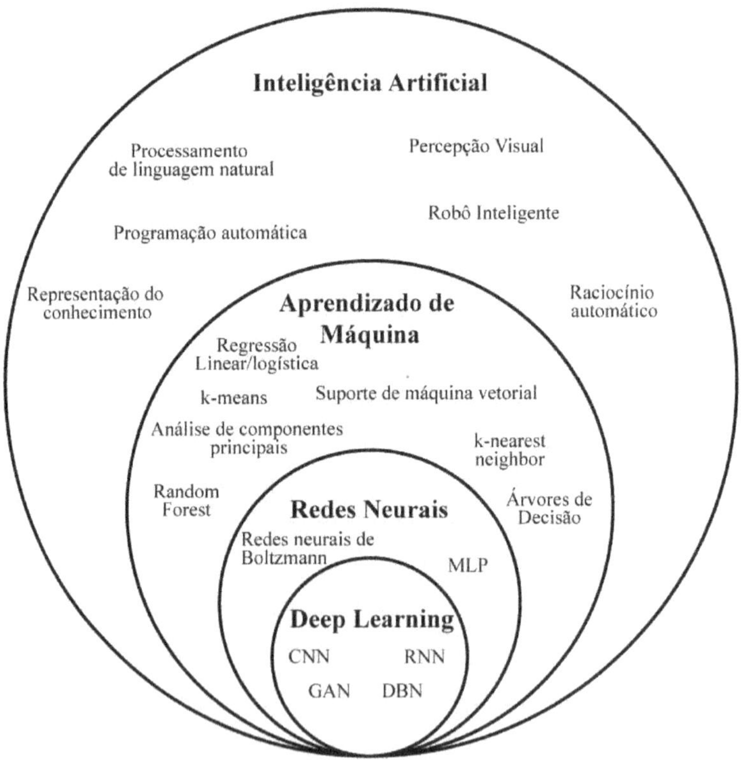

Em termos técnicos, a Inteligência Artificial (IA) é um campo da ciência da computação que busca desenvolver sistemas capazes de realizar tarefas que normalmente requerem inteligência humana.

Isso inclui o aprendizado de máquina, processamento de linguagem natural, visão computacional, raciocínio lógico, entre outros. A IA é amplamente utilizada em diversas áreas para automatizar processos, melhorar a eficiência e oferecer insights valiosos a partir de grandes volumes de dados.

O grande avanço da IA é a capacidade de interpretar e manipular dados não estruturados como imagem, som e vídeo. Um avanço nunca antes realizado que pode mudar a dinâmica global de educação e até da saúde pública, democratizando o acesso e assertividade de diagnósticos e promoção do bem-estar global.

Pense na IA como uma Ferramenta Colaborativa

Já imaginou transformar o caos do seu dia a dia em uma engrenagem perfeitamente ajustada? A inteligência artificial (IA) pode ser a chave para aprimorar processos cotidianos e, ao mesmo tempo, preservar e impulsionar o que nos torna genuinamente humanos. Antes de qualquer coisa, lembre-se de que colocar as pessoas em primeiro lugar é fundamental. A IA deve servir para expandir nossas habilidades, simplificar as tarefas rotineiras e, em última análise, potencializar tudo o que fazemos de melhor. É isso que chamamos de "aumento da IA": usar algoritmos para elevar a qualidade e a facilidade de execução de um projeto ou produto de trabalho.

Para visualizar esse cenário, pense em seu emprego atual ou em funções anteriores que já exerceu. Assim como o meu, o seu trabalho provavelmente inclui uma série de tarefas – algumas simples, como responder a e-mails básicos, e outras bem mais complexas, como colaborar com colegas em brainstorms criativos. A IA pode contribuir em ambas as frentes: tanto ao acelerar atividades corriqueiras, reduzindo esforço e tempo, quanto ao lapidar processos mais sofisticados que exigem soluções originais.

Outra face dessa mesma moeda é a automação. Ela consiste em delegar tarefas específicas à IA de modo que aconteçam sem intervenção humana. Por exemplo, um representante de suporte ao cliente precisa gerenciar centenas de e-mails diariamente. Com uma ferramenta de IA, ele pode priorizar automaticamente o que realmente requer atenção pessoal e até gerar rascunhos de resposta de forma instantânea. Assim, sobra energia mental para resolver questões mais complexas e humanas, em que a empatia e o pensamento crítico fazem toda a diferença.

Porém, atingir o equilíbrio ideal entre ampliar suas capacidades e automatizar processos não acontece de um dia para o outro. Exige reflexão, prática e uma abordagem centrada nas pessoas. As empresas que se destacam nesse cenário são as que enxergam a IA como um ambiente colaborativo, enriquecido por vozes e perspectivas diversas. Imagine um profissional de relações-públicas recorrendo a uma ferramenta de IA para criar um comunicado de imprensa. Para garantir um resultado alinhado à voz da marca, é indispensável a supervisão de outros membros da equipe – editores, gerentes de projeto e o departamento jurídico, por exemplo. A inclusão de diferentes visões, aliada ao monitoramento humano, assegura que a IA se integre adequadamente e alcance o efeito desejado.

Da mesma forma, a adoção de IA no local de trabalho deve ser inclusiva e contínua, convidando pessoas de variados setores a participar e aprender com o processo. Quanto mais oportunidades de treinamento e troca de ideias, mais benefícios surgirão e mais longe se poderá chegar na aplicação prática das ferramentas.

Hoje, há inúmeras maneiras de aproveitar a IA – muitas delas prontas para uso imediato. Queremos explorar aqui os diferentes modos de inserir essas tecnologias em sua rotina, pois elas podem agilizar fluxos de trabalho, tornar tarefas mais enxutas e elevar a qualidade do que se produz. Nesse universo, você pode esbarrar em três categorias principais: ferramentas de IA autônomas, recursos de IA integrados e soluções personalizadas.

Ferramentas autônomas, por exemplo, são aplicações independentes que exigem pouca ou nenhuma configuração técnica. O Speeko, um "treinador de fala" movido a IA, encaixa-se nesse grupo: com ele, você grava sua voz e recebe orientações personalizadas de como aprimorar a comunicação em diferentes contextos – de entrevistas de emprego a reuniões de projeto. Já os recursos de IA integrados são funcionalidades que vêm embutidas em softwares. Um bom exemplo é o Neural Filters, do Adobe Photoshop, que permite desde ajustar a cor de uma imagem até alterar expressões faciais de forma intuitiva.

Para necessidades mais específicas, existem ainda soluções de IA personalizadas, desenvolvidas sob medida para determinados problemas. Em 2022, por exemplo, o Hospital Johns Hopkins criou um modelo de IA dedicado a identificar a sepse nos pacientes, antecipando diagnósticos em até seis horas em comparação aos métodos tradicionais – um avanço fundamental em termos de salvar vidas.

Aqui, no entanto, nosso foco recai sobre as ferramentas autônomas de IA generativa, que são acessíveis, muitas vezes gratuitas e podem se adaptar facilmente às demandas do seu dia a dia. Mas, para aproveitá-las ao máximo, é fundamental compreender o que as "alimenta": os modelos de IA. Pense no modelo como o motor e na ferramenta como o veículo. O motor (modelo) é o núcleo que processa dados e aprende padrões; a ferramenta (veículo) é o que você efetivamente utiliza para concluir tarefas.

Não importa se você usa uma aplicação independente, um recurso integrado ou uma solução feita sob medida: por trás de cada ferramenta de IA, há sempre um modelo que reconhece padrões e executa tarefas específicas. E é entendendo esse mecanismo – e como direcioná-lo – que você poderá aplicar a IA de forma eficiente, produtiva e, principalmente, humanizada. Nos próximos capítulos, mergulharemos nas estratégias para interagir com essas ferramentas de modo a criar, automatizar e refinar processos, trazendo mais fluidez ao seu dia de trabalho e levando você a um novo patamar de realização profissional.

Tipos de Inteligência Artificial

A evolução da inteligência artificial pode ser compreendida de muitas formas, mas um modo didático de categorizar essas tecnologias se apoia em três grandes patamares de complexidade e adaptabilidade. Cada um deles reflete não apenas o nível de autonomia que a IA pode atingir, mas também o quanto ela se aproxima (ou se distancia) do raciocínio humano. Antes de prosseguir, vale ressaltar que essa classificação não é algo fixo ou limitado a uma única perspectiva – o campo é fértil em discussões e possíveis novos patamares poderão surgir. Entretanto, para nossos propósitos, a tradicional segmentação em IA Fraca, IA Forte e Superinteligência Artificial é o suficiente para entendermos os horizontes que se abrem nesta era Homo Algorithmus.

IA Fraca (Narrow AI) – O Especialista Focado

Também conhecida como "IA restrita", a IA Fraca é projetada para lidar com problemas ou executar tarefas específicas, sem a pretensão de enxergar além do seu escopo pré-determinado. Sabe aqueles algoritmos de recomendação da Netflix ou do Spotify que parecem conhecer seu gosto musical ou cinematográfico como ninguém? Eles são exemplos notáveis de IA Fraca.

Do mesmo modo, assistentes virtuais como Siri e Alexa operam a partir de comandos pré-configurados. Sim, elas podem ativar rotinas, conversar de forma limitada e executar funções diversas – mas não têm verdadeira compreensão ou capacidade de improvisar fora de seu domínio de respostas. Carros autônomos também se encaixam aqui: embora usem algoritmos complexos de visão computacional, deep learning e raciocínio probabilístico, seu objetivo permanece restrito a levar o veículo de A a B com segurança.

É interessante notar como a IA Fraca se proliferou nos últimos anos, sendo quase onipresente em tudo que envolve transações e diagnósticos simples. Pense nos chatbots de sites de e-commerce que agilizam o primeiro contato do cliente ou nos sistemas de detecção de fraude que, em frações de segundo, analisam histórico de compras, localização e comportamento de uso. São tecnologias que, embora poderosas em suas áreas, não "pensam" no sentido humano: elas seguem regras, extrapolam padrões, mas não sonham com novos objetivos ou abstrações.

IA Forte (General AI) – O Salto Rumo à Plena Inteligência

Quando falamos em IA Forte – ou General AI –, entramos em um campo mais especulativo, porém fascinante. A proposta é criar sistemas capazes de aprender qualquer tipo de tarefa com o mesmo grau de adaptabilidade que nós, humanos, exibimos no dia a dia. Em teoria, uma IA Forte teria raciocínio abstrato, capacidade de improviso, sensibilidade contextual e, quem sabe, algo análogo a uma "consciência".

Atualmente, não possuímos exemplos práticos de IA Forte plenamente funcionais. O que vemos são laboratórios de pesquisa e universidades de ponta testando protótipos e algoritmos que poderiam, no futuro, se aproximar desta meta ambiciosa. Mas a grande questão aqui é: até que ponto podemos reproduzir a complexidade do cérebro humano? A criatividade autêntica, a empatia e a nossa habilidade de conectar elementos de forma emocional e lógica parecem envolver processos biológicos e sociais que ainda não compreendemos totalmente.

Mesmo assim, o simples fato de discutirmos IA Forte com seriedade mostra o quanto o campo de inteligência artificial avançou. Se há algumas décadas o foco era puramente resolutivo (por exemplo, criar computadores que pudessem vencer humanos no xadrez), hoje cogitamos a hipótese de sistemas com poder de autoaperfeiçoamento que iriam além de uma finalidade específica. Por ora, contudo, essa permanece uma fronteira teórica, repleta de incertezas técnicas e éticas.

Superinteligência Artificial – Entre a Futurologia e o Desconhecido

Por fim, temos o patamar hipotético da Superinteligência Artificial (ASI). Aqui, a especulação é ainda maior: tratar-se-ia de uma IA não só comparável, mas superior à humana em praticamente todos os aspectos cognitivos. No imaginário popular, obras de ficção científica retratam esses sistemas como mentes exponencialmente mais capazes de resolver problemas globais ou mesmo de se autodesenvolver sem limites claros.

A grande interrogação recai sobre como interagiríamos com algo que nos ultrapassasse a ponto de modificarmos a própria noção de humanidade. Questões de segurança, governança e controle despontam com força – afinal, quem garantiria que uma inteligência tão poderosa não terminasse por perseguir objetivos contrários aos nossos?

Para muitos pesquisadores, essa conversa permanece no território da "ficção especulativa", embora estudos em campos como "alignment" (alinhamento de objetivos da IA com valores humanos) e "singularidade" ganhem cada vez mais tração nas academias e empresas de tecnologia. Quer a Superinteligência Artificial chegue ou não nos próximos séculos, o fato é que sua mera possibilidade já causa repercussões em como desenhamos regulamentos, conduzimos pesquisas e refletimos sobre nosso futuro coletivo.

A estratificação em IA Fraca, IA Forte e Superinteligência nos ajuda a compreender as múltiplas faces da evolução algorítmica. No cenário atual, é a IA Fraca que domina: recomendando, classificando, prevendo e atuando como braço operacional de grandes corporações. Mas as possibilidades de chegarmos a uma IA Forte – e até mesmo à Superinteligência – são uma miragem tentadora que impulsiona investimentos e debates ao nível global.

Para quem, como nós, trilha o caminho do Marketing AInalytics e vislumbra o futuro Homo Algorithmus, entender essas camadas de inteligência artificial não é mero exercício intelectual. Cada degrau tem implicações práticas na forma como lideramos projetos, gerenciamos riscos e integramos a IA em nossas estratégias de negócio. Se o amanhã nos reservar uma IA com graus elevados de autonomia e inventividade, estaremos mais preparados se compreendermos desde já as promessas e os paradoxos que cada estágio da evolução algorítmica acarreta.

Em última análise, o que se coloca à nossa frente é uma jornada de descobertas. E, assim como no marketing, o melhor a fazer é manter os olhos abertos, a mente elástica e a intuição alerta, pois o ritmo de mudança não dá sinais de desaceleração. Que sigamos explorando, testando e construindo, sempre com uma pitada de senso crítico, a parceria entre humano e máquina que definirá nosso futuro.

IA Generativa e LLMs

Há poucos anos, quando falávamos em Inteligência Artificial no contexto do marketing, muitas pessoas imaginavam apenas algoritmos de recomendação e campanhas de e-mail segmentadas. Mas, em tempos de Homo Algorithmus, nossa jornada evolutiva ganhou um capítulo novo e empolgante: a IA Generativa.

Por IA Generativa, refiro-me a um conjunto de técnicas e modelos que não apenas reconhecem padrões ou fazem previsões, mas criam algo novo. Em vez de reproduzir soluções preestabelecidas, como faz a IA tradicional, a IA Generativa nos aproxima de uma capacidade quase "artística", projetando soluções, conteúdos e ideias inéditas. E o ponto crucial aqui, do qual não podemos nos esquecer, é que tudo isso deve ser aplicado de forma ética, responsável e estrategicamente amarrada aos objetivos do negócio.

Vamos, então, abrir as portas deste universo e entender em profundidade como a IA Generativa – incluindo os célebres Large Language Models (LLMs) – está revolucionando o marketing e quais oportunidades se desenham no horizonte.

Conceito e Principais Fundamentos

Se você folhear as páginas anteriores deste livro, verá que falei sobre como vivemos em um mundo de dados massivos, velozes e variados. Bem, a IA Generativa bebe dessa fonte, mas, em vez de simplesmente identificar tendências, ela se arrisca a "inventar" algo com base nesses dados. Isso é viabilizado sobretudo pelo uso intensivo de redes neurais profundas, capazes de capturar padrões escondidos em textos, imagens ou som e gerar variações completamente originais.

Um Salto Evolutivo

Costumo dizer que, se os primeiros algoritmos de classificação e regressão foram como a descoberta do fogo – trazendo segurança e controle de variáveis –, a IA Generativa se assemelha à invenção da lâmpada elétrica, que expandiu a capacidade produtiva além do horário comercial. Agora podemos criar "à noite" (ou em tempo integral), em larga escala e com um teor de originalidade que, até pouco tempo, só a criatividade humana conseguia fornecer.

Exemplos de IA Generativa em Ação

- **Imagens Sintéticas**: Modelos como DALL·E 2, Midjourney e Stable Diffusion revolucionam o design e o marketing, criando artes personalizadas para campanhas, embalagens ou até experimentos conceituais.

- **Textos Autônomos**: Os LLMs conseguem redigir roteiros, posts de blog, discursos e até contratos iniciais, sempre adaptados ao contexto que lhes fornecemos.

- **Música e Voz**: Gerar faixas sonoras, jingles de publicidade e até mesmo dublagens sintéticas alinhadas ao estilo de uma marca tornou-se tangível.

O fio condutor de tudo isso permanece o mesmo: ao aprender profundamente sobre dados existentes, esses modelos são capazes de **inovar** em cima dos padrões. E essa inovação, quando atrelada a um propósito claro – como o de impactar clientes ou fortalecer uma marca, gera valor.

LLMs e a Força Criativa no Marketing

Os Large Language Models (LLMs) merecem destaque, pois são o "coração" de grande parte das aplicações de IA Generativa em texto. Se antes, a programação se limitava a scripts fixos, hoje temos modelos, como GPT-4 ou Gemini (Google), que dominam bilhões de parâmetros e conseguem interagir em múltiplos idiomas, imitando estilos de escrita e até se alinhando a certos tons de voz.

Como os LLMs Aprendem

Quando falamos em "milhões de textos de treinamento", pode soar abstrato. Mas, na prática, esses modelos varrem quantidades gigantes de conteúdo público: artigos, livros, páginas da web e documentos corporativos (quando autorizado). Dessa forma, eles criam "mapas" estatísticos de como as palavras se relacionam e em quais contextos podem ser empregadas. O resultado são modelos que podem criar narrativas, responder perguntas e gerar insights.

Desafios e Pontos de Atenção

Todo salto tecnológico vem acompanhado de riscos e responsabilidades. Com a IA Generativa, não é diferente.

Qualidade de Conteúdo e Filtragem de Viés

Os modelos aprendem com dados de qualidade variável. Logo, é possível que tragam vieses embutidos ou que gerem respostas equivocadas. A supervisão humana e a adoção de filtros de conteúdo são indispensáveis para evitar problemas graves, como discurso de ódio ou violações de direitos autorais.

Ética e Transparência

Se uma empresa utiliza IA para produzir textos assinados por supostos autores humanos, precisa deixar claro, em suas políticas, como funciona esse processo. A era da honestidade radical, especialmente nas redes sociais, exige transparência e respeito à privacidade e consentimento do cliente.

Regulamentações e Privacidade de Dados

Cada vez mais, agências governamentais e entidades de autorregulamentação olham para o uso de dados pessoais no marketing. Se a IA Generativa estiver alimentada por dados sensíveis (ex.: histórico de compras, geolocalização), a empresa deve cumprir legislações como LGPD e GDPR, além de manter elevados padrões de segurança.

Curadoria e Validação Humana

É quase uma lógica inexorável: "garbage in, garbage out". Um modelo que não é bem monitorado recebe prompts inadequados que podem gerar conteúdo de pouca utilidade ou prejudicial. Por isso, mantenho a afirmação de que um time preparado, com mentalidade de experimentação e compromisso ético, fará toda a diferença.

Aplicações da Inteligência Artificial

A IA está presente em diversos setores, trazendo inovação e eficiência:

Setor	Aplicações de IA
Negócios & Marketing	Análise preditiva de clientes, chatbots para atendimento, personalização de campanhas.
Saúde	Diagnóstico assistido por IA, descoberta de novos medicamentos, monitoramento de pacientes.
Varejo & E-commerce	Recomendação de produtos, precificação dinâmica, otimização de estoque.
Financeiro	Detecção de fraudes, análise de crédito, trading algorítmico.
Indústria & Manufatura	Automação de processos, manutenção preditiva, controle de qualidade com visão computacional.

Colaboração com IA: Perspectivas de Integração entre Humanos e Algoritmos

Pesquisas recentes enfatizam que a adoção de Inteligência Artificial (IA) em ambientes corporativos não se limita ao simples fornecimento de tecnologias avançadas. O sucesso depende, sobretudo, da maneira como as pessoas interagem com a IA e de como essa colaboração é estruturada nos processos internos da organização. Estudos conduzidos pelo Laboratory for Innovation Science (LISH), em parceria com a Boston Consulting Group (BCG), ilustram bem essa questão, demonstrando que a IA pode tanto impulsionar o desempenho de profissionais quanto criar novos desafios.

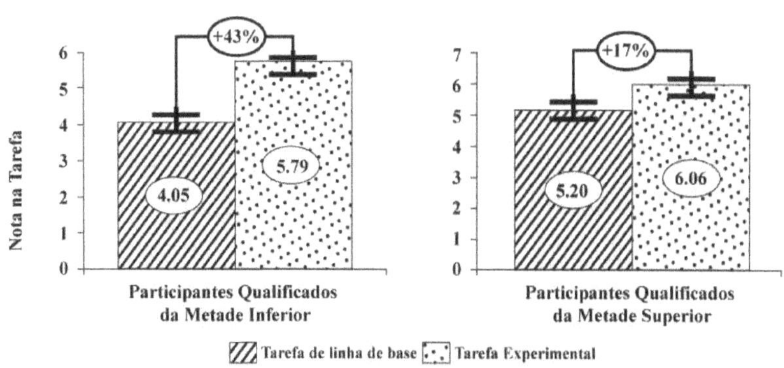

"Cyborgs" vs. "Centauros"

No ambiente de consultoria analisado pela BCG, dois perfis de interação com a IA emergiram:

- **Cyborgs**: Profissionais que integram a IA em seu fluxo de trabalho. Ao longo de todo o processo, eles utilizam as sugestões da IA, combinam-nas com conhecimento próprio e mantêm uma interação constante com a ferramenta para refinar as entregas.

- **Centauros:** Profissionais que terceirizam partes do processo para a IA, mas o fazem de forma segmentada. Em outras palavras, dividem as tarefas entre a IA e si próprios, com pouca ou nenhuma colaboração interativa.

Segundo os pesquisadores, os "cyborgs" alcançaram resultados superiores, sugerindo que a chave do sucesso está na troca contínua entre humano e máquina, de modo que cada parte complemente a outra.

IA como Fator de Nivelamento

Os resultados do estudo mostraram, ainda, um efeito nivelador de competências. Os profissionais que apresentavam menor desempenho inicial registraram um aumento de 43% na performance, enquanto aqueles que já estavam no topo obtiveram um incremento de 17%. Esse dado indica que a IA pode diminuir a distância entre os menos e os mais experientes, funcionando como uma alavanca para quem encontra mais dificuldade em tarefas analíticas, de redação ou de resolução de problemas.

No entanto, essa disparidade de resultados levanta algumas reflexões: os profissionais já altamente capacitados podem acabar se acomodando? Ou, de outro modo, a IA potencializa igualmente ambos os grupos, mas tem um efeito ainda mais marcante no grupo menos capacitado? São questões relevantes para as organizações que buscam reduzir lacunas de desempenho entre suas equipes.

"Dormindo ao Volante": O Risco do Excesso de Confiança

Outro estudo do LISH analisou o uso de IA na área de recrutamento e seleção, demonstrando que algoritmos com alto índice de acurácia podem levar à redução do esforço humano. Em outras palavras, conforme a IA se mostra cada vez mais confiável, o profissional tende a relaxar sua vigilância e contribuir menos ativamente para o processo.

Esse fenômeno, apelidado de "dormir ao volante", traz implicações importantes:

- **Menor validação humana:** Há o risco de aceitar as conclusões da IA sem o devido senso crítico, podendo gerar contratações inadequadas ou perda de oportunidades de identificar falhas no algoritmo.

- **Queda no aprendizado:** Ao delegar completamente a tomada de decisão à IA, o profissional deixa de aprender com eventuais equívocos e perde a chance de aprimorar habilidades que seriam críticas em cenários onde a IA não é aplicável.

Portanto, mesmo uma IA de ponta não substitui o papel do humano na supervisão e na garantia de que as decisões estejam alinhadas a valores, ética e objetivos estratégicos.

Implicações para a Prática Organizacional

1. **Adoção Estratégica:** As empresas devem considerar o nível de maturidade dos colaboradores em relação ao uso de IA. Um plano de integração que preveja treinamentos, guias de boas práticas e acompanhamento contínuo é fundamental.

2. **Configuração das Equipes:** Identificar profissionais que atuem como "cyborgs" pode maximizar os resultados, pois esses indivíduos geralmente compreendem a importância de uma colaboração iterativa e supervisionada. Já um "centauro" pode ser mais rápido em tarefas isoladas, mas corre maior risco de inconsistências ou erros.

3. **Monitoramento de Desempenho:** É essencial acompanhar métricas de produtividade, qualidade das entregas e engajamento para avaliar se a IA está, de fato, potencializando a equipe, ao invés de causar acomodações.

4. **Cultura de Aprendizagem:** A empresa precisa incentivar uma mentalidade de aprendizado constante e de avaliação crítica das saídas geradas pela IA. Dessa forma, minimiza-se o risco de "dormir ao volante".

5. **Revisão dos Papéis Humanos:** Profissionais que se apoiam na IA tendem a focar em tarefas de maior valor agregado (planejamento estratégico, comunicação com stakeholders, criatividade), enquanto a IA cuida das operações repetitivas ou de análise de dados em grande escala.

A efetiva colaboração entre humanos e algoritmos não se restringe à distribuição de tarefas, mas sim a um processo integrado em que cada parte potencializa a outra. À medida que as IA se tornam mais sofisticadas, o valor do profissional humano se desloca para áreas que exigem pensamento estratégico, empatia, criatividade e julgamento contextual.

Por outro lado, a possibilidade de "dormir ao volante" destaca a necessidade de manter uma participação ativa dos profissionais, garantindo que o senso crítico seja aplicado mesmo quando a IA apresenta resultados altamente confiáveis.

Em conclusão, as organizações que desejam usufruir plenamente dos benefícios da IA devem considerar tanto o aspecto tecnológico quanto o fator humano. O desafio consiste em equilibrar a eficiência oferecida pelos algoritmos com a supervisão, o engajamento e o discernimento indispensável à tomada de decisão de alto nível.

Machine Learning: Fundamentos e Aplicações

É difícil falar de Inteligência Artificial sem esbarrar no conceito de Machine Learning. Para muitos, esta é a "alma" da IA moderna: a habilidade de as máquinas aprenderem com a experiência, aprimorando sua capacidade preditiva e analítica sem necessitar de instruções detalhadas para cada passo. Antes, programávamos linhas e mais linhas de código, definindo cada condição e regra. Agora, abrimos espaço para algoritmos que evoluem a partir de dados, de forma adaptativa e, em alguns casos, surpreendente.

O que é Machine Learning?

Em essência, Machine Learning (ML) é uma subárea da Inteligência Artificial que permite aos sistemas computacionais identificar padrões e tomar decisões com base em exemplos anteriores, em vez de obedecerem a instruções codificadas manualmente. É como ter um "cérebro estatístico" embarcado, que observa dados de entrada, compreende relacionamentos e infere como reagir a novas situações.

Em vez de um engenheiro de software escrever inúmeras condicionais do tipo "se X acontece, faça Y", no ML oferecemos exemplos – o que chamamos de dados de treinamento – e deixamos o algoritmo descobrir as correlações relevantes. Dessa forma, a máquina não fica engessada por cenários pré-programados, tornando-se flexível para lidar com informações inéditas.

Ao longo de diversas iterações, o modelo ajusta seus parâmetros (por exemplo, os pesos em redes neurais ou os coeficientes em regressões) para reduzir erros de previsão. É um processo análogo ao de um músico que repete escalas até aperfeiçoar a técnica: cada tentativa "ensina" algo novo ao modelo, tornando-o mais assertivo.

Conceitos e Componentes Essenciais

Modelo: O modelo é a representação matemática que busca capturar o comportamento esperado do sistema. Ele é o "coração" do ML. Ao final do treinamento, esse modelo gera previsões ou decisões — seja classificando clientes em "alto risco" ou "baixo risco", seja recomendando produtos.

Algoritmo: O algoritmo de ML é como o maestro que rege a construção (ou "treinamento") do modelo. Ele estabelece como os parâmetros serão ajustados, definindo, por exemplo, a taxa de aprendizado e a forma de mensurar erros. Exemplos incluem redes neurais, árvores de decisão e métodos de regressão.

Dados de Treinamento: São os exemplos rotulados (ou não) que fornecemos ao algoritmo para que ele aprenda. Se você deseja ensinar a máquina a prever vendas, pode oferecer históricos de demanda (features) e o volume vendido (rótulo). A qualidade desses dados impacta diretamente a eficácia do modelo.

Features (Características): Também chamadas de variáveis explicativas, as features são os atributos relevantes do conjunto de dados. No caso de um varejo, podem ser "dia da semana", "promoção ativa ou não", "temperatura", "feriado", etc. Escolher features adequadas e limpar dados irrelevantes é crucial para obter bons resultados.

Rótulos (Labels): Nos problemas supervisionados, os rótulos são as respostas esperadas (por exemplo, "compra" ou "não compra"; valor de venda; perfil do cliente). O modelo aprende a mapear features → rótulos. Já em problemas não supervisionados, não há rótulos, e a máquina identifica padrões de forma autônoma. Veremos os conceitos de supervisionados e não supervisionados adiante.

Treinamento e Teste: Em geral, dividimos os dados em treinamento (para ajustar o modelo) e teste (para avaliar se o modelo generaliza bem). Se ele memoriza demais o conjunto de treinamento (overfitting), tende a falhar nos dados de teste.

Tipos de Aprendizado de Máquina

Aprendizado de Máquina Supervisionado

Aqui, o modelo aprende com dados rotulados, ou seja, cada registro indica a "resposta correta". Essa abordagem é amplamente usada em previsões (regressão) e classificações (spam ou não spam, por exemplo). O foco está em generalizar para novos dados de modo preciso.

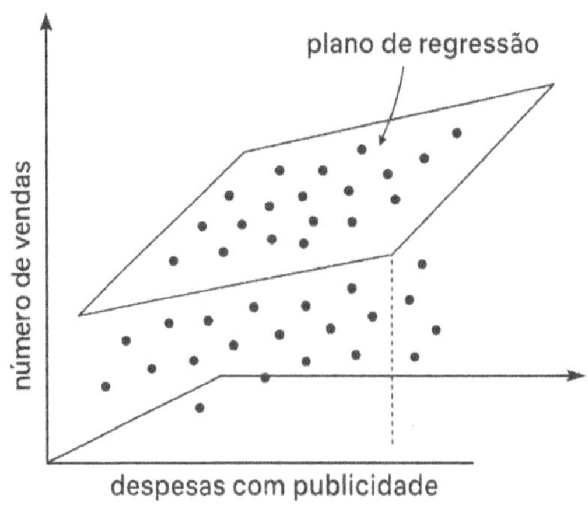

O que o gráfico mostra?

Este gráfico é um exemplo visual de um modelo de regressão linear múltipla, uma técnica estatística usada com frequência por departamentos de marketing e comercial para entender e prever comportamentos de vendas com base em diferentes variáveis.

No gráfico, temos:

- **Eixo X (horizontal)**: representa os gastos com publicidade.
- **Eixo Y (vertical)**: representa a presença nas redes sociais, medida, por exemplo, em número de postagens, engajamento

ou alcance.

- **Os pontos pretos**: representam os dados reais coletados — ou seja, empresas ou campanhas com diferentes níveis de investimento em publicidade e presença nas redes.
- **O plano cinza (plano de regressão)**: é o modelo estatístico que estima qual será o número de vendas esperadas com base na combinação dessas duas variáveis (publicidade e redes sociais).

O que isso significa na prática?

Imagine que você é gerente de marketing e quer entender o que mais impacta suas vendas: investir em anúncios ou melhorar sua presença no Instagram, por exemplo.

Esse gráfico mostra que o modelo analisa ambas as variáveis ao mesmo tempo, para prever o número de vendas (a terceira dimensão, implícita aqui).

Se o plano de regressão for bem ajustado aos pontos (dados reais), isso indica que essas duas variáveis explicam bem o comportamento das vendas — ou seja, existe uma relação estatística forte entre elas.

E o que dá para concluir?

A principal conclusão que o gráfico transmite é: **Quanto maior for o investimento em publicidade e maior a presença nas redes sociais, maior tende a ser o número de vendas.**

Esse tipo de análise permite que o marketing decida, com base em dados e não apenas em intuição, como distribuir melhor seu orçamento e seus esforços.

Aprendizado de Máquina Não Supervisionado

Nos métodos não supervisionados, não há rótulos prévios. O objetivo é descobrir padrões internos nos dados, como agrupamentos e associações. Esses métodos são exploratórios por natureza e podem revelar estruturas que não são tão óbvias a olho nu.

Métodos não supervisionados

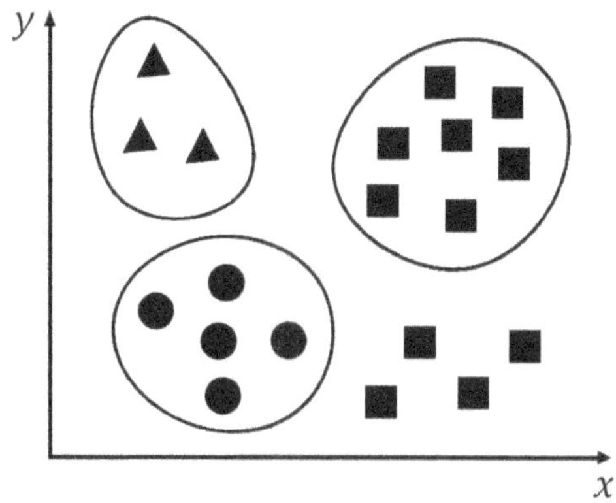

Nos métodos não supervisionados, não há rótulos prévios. O objetivo é descobrir padrões internos nos dados, como agrupamentos e associações.

O que o gráfico mostra?

Este gráfico representa um exemplo de aprendizado de máquina não supervisionado, um tipo de modelo que busca padrões ocultos em dados sem rótulos (ou seja, sem categorias definidas previamente).

No gráfico, temos:

- **Eixo X e Eixo Y**: representam duas variáveis genéricas observadas em um conjunto de dados (por exemplo, comportamento de consumidores, respostas a campanhas ou características de produtos).

- **Pontos cinza**: são os dados brutos, distribuídos no plano sem nenhuma classificação inicial.

- **Contornos ovais**: indicam que o modelo foi capaz de encontrar agrupamentos naturais dentro do conjunto de dados, também chamados de *clusters*.

O que isso significa na prática?

Imagine que você tem uma base de clientes, mas não sabe muito sobre seus perfis. Ao aplicar um modelo não supervisionado, como um algoritmo de *clusterização* (ex: K-means), o sistema analisa os dados e descobre automaticamente quais consumidores se parecem entre si, mesmo sem saber previamente quem é quem.

No exemplo, o modelo identificou três agrupamentos principais (os contornos no gráfico) — ou seja, três padrões de comportamento distintos que antes não estavam rotulados. Isso pode ajudar o time de marketing a desenvolver ações personalizadas para cada grupo.

E o que dá para concluir?

O gráfico nos mostra que:

Mesmo sem informações explícitas sobre os dados, é possível encontrar padrões e agrupamentos que revelam estruturas internas — úteis para segmentação de mercado, análise de comportamento e decisões estratégicas.

Esse tipo de modelo é essencial em etapas exploratórias do marketing analítico, especialmente quando não temos certeza sobre quais variáveis influenciam realmente os resultados.

Aplicações de Machine Learning

- **Reconhecimento de Imagens:** Seja na detecção de rostos em fotografias ou no diagnóstico de doenças a partir de radiografias, o reconhecimento de padrões visuais revolucionou setores como segurança, saúde e marketing (por exemplo, identificando logotipos em redes sociais).

- **Recomendações Personalizadas:** Plataformas como Amazon e Netflix usam ML para sugerir produtos e séries com base em comportamentos passados. Em Marketing AInalytics, essa personalização impulsiona a experiência do cliente, aumentando taxas de conversão.

- **Processamento de Linguagem Natural (PLN):** Ferramentas como chatbots, tradutores automáticos e análise de sentimento derivam de técnicas de ML voltadas à linguagem humana. No mundo corporativo, o PLN ajuda na triagem de e-mails, interação com clientes e avaliação de reputação de marca.

- **Detecção de Anomalias:** Fraudes financeiras, desvios de inventário e atividades suspeitas em redes podem ser rapidamente identificados por algoritmos que buscam outliers em grandes bases de dados. Isso é fundamental para segurança e conformidade.

- **Previsão de Séries Temporais:** Antecipar vendas sazonais, demanda de energia ou tendências econômicas permite que as empresas planejem estoques, organizem campanhas e se protejam contra oscilações de mercado.

- **Jogos Inteligentes:** De carros autônomos em simuladores a programas que superam campeões de Go, os algoritmos de reforço (e ML em geral) permitem estratégias complexas e adaptações em cenários dinâmicos.

Machine Learning e as Áreas de Negócio

Os setores que mais se beneficiam incluem:

Setor	Exemplo de Aplicação
Marketing & Vendas	Recomendação de produtos, previsão de churn, segmentação de clientes
Finanças	Detecção de fraudes, análise de risco de crédito, otimização de investimentos
Varejo & Shopping	Precificação dinâmica, análise de fluxo de clientes, previsão de demanda
Saúde	Diagnóstico médico por IA, descoberta de medicamentos, análise de prontuários
Indústria & Logística	Manutenção preditiva, otimização da cadeia de suprimentos, previsão de falhas
Mobilidade & Transportes	Carros autônomos, previsão de tráfego, otimização de rotas

Modelos Não Supervisionados na Prática

Análise de Agrupamentos (Clustering)

Clustering é a arte de agrupar observações com traços semelhantes, ao mesmo tempo, em que mantém distantes aquelas com características diferentes. Pense em um pote cheio de balas de várias cores e formatos: inicialmente, tudo parece misturado, mas métodos como K-means ou Clustering Hierárquico permitem detectar padrões e segmentar.

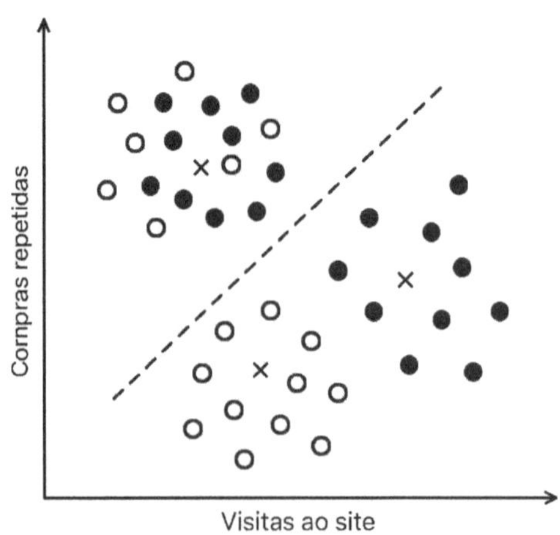

O que a imagem representa?

A imagem mostra um modelo de clusterização K-means aplicado a variáveis típicas do marketing, distribuídas em um gráfico de dispersão (scatter plot). Trata-se de um exemplo clássico de método de aprendizado não supervisionado, onde o objetivo é encontrar agrupamentos naturais nos dados.

Neste caso, o gráfico utiliza:

- **Eixo X (horizontal)**: número de visitas ao site.

- **Eixo Y (vertical)**: número de compras repetidas por cliente.

Cada ponto representa um cliente, posicionado com base em seu comportamento online (visitas) e sua fidelidade (compras repetidas).

O que está acontecendo no gráfico?

O algoritmo K-means identificou automaticamente três grupos distintos de clientes, com características comportamentais semelhantes entre si. Esses grupos estão indicados por diferentes cores de preenchimento nos pontos (preto, cinza e branco).

Além disso, cada grupo possui um centroide (representado por um "x"), que é a média das posições dos pontos daquele grupo — ou seja, um "perfil médio" do cluster.

A linha tracejada sugere uma divisão ou tendência entre os grupos, auxiliando na visualização das fronteiras implícitas entre os comportamentos.

Exemplo prático:

- **Cluster 1 (pontos pretos)**: clientes com alta visitação e alta recompra — grupo mais fiel.

- **Cluster 2 (cinza)**: clientes com alta visitação, mas baixa recompra — potenciais para ativação.

- **Cluster 3 (branco)**: clientes com baixa visitação e baixa recompra — talvez menos engajados ou recém-chegados.

Esse tipo de insight é fundamental para estratégias de CRM, campanhas de e-mail, programas de fidelidade ou investimentos em mídia segmentada.

Aplicações:

- Identificar perfis de clientes em shoppings (famílias, adolescentes, público de luxo).
- Explorar padrões de navegação em sites.
- Realizar segmentação geográfica baseada em perfis de consumo.

Análise de Correspondência (Simples ou Multivariada)

Quando lidamos com variáveis qualitativas, a Análise de Correspondências revela associações e mapeia relações entre categorias. É excelente para compreender preferências de marca e como determinadas categorias de produtos se relacionam.

Aplicações:

- Mapeamento perceptual de atributos de marca.
- Relação entre preferências de sabor e faixa etária.
- Visualizações em mapas perceptuais, mostrando como categorias se aproximam ou se afastam.

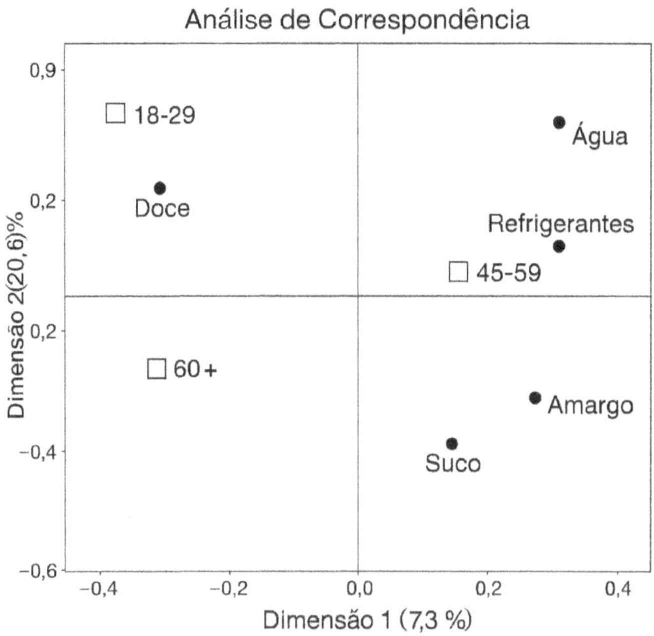

O que o gráfico mostra?

Este gráfico representa uma Análise de Correspondência, uma técnica estatística amplamente utilizada em marketing para investigar a relação entre categorias de duas variáveis qualitativas. No caso ilustrado, temos:

- **Grupos etários (variável 1):** 18–29, 45–59, 60+ (representados por quadrados);
- **Preferência por tipo de bebida (variável 2)**: Doce, Amargo, Suco, Refrigerantes, Água (representados por círculos).

Os dois eixos (Dimensão 1 e Dimensão 2) são construídos para maximizar a variabilidade entre essas categorias, permitindo uma representação perceptual de como essas preferências se distribuem entre os diferentes grupos.

O que está acontecendo no gráfico?

Neste mapa perceptual, a posição dos pontos (categorias) revela a proximidade ou afastamento entre as preferências e os grupos etários:

- Pontos mais próximos no gráfico indicam associação mais forte entre as categorias.

- Pontos distantes indicam pouca ou nenhuma associação.

Exemplo prático com o gráfico:

- O grupo 18–29 anos está mais próximo da categoria Doce, indicando que jovens tendem a preferir bebidas com sabor adocicado.

- A faixa 45–59 anos está associada a Refrigerantes e Água, sugerindo um perfil de consumo mais equilibrado.

- O grupo 60+ aparece distante da maioria dos sabores, mas relativamente próximo de Suco, apontando uma preferência potencial por opções mais naturais.

- Bebidas amargas têm maior afinidade com consumidores mais afastados das demais faixas, o que pode representar um nicho específico, talvez mais maduro ou com preferências distintas.

Análise Fatorial / PCA

A Análise Fatorial por Componentes Principais (PCA) agrupa variáveis (e não observações) que apresentam correlações fortes, reduzindo a dimensionalidade e destacando os fatores que explicam boa parte da variação dos dados.

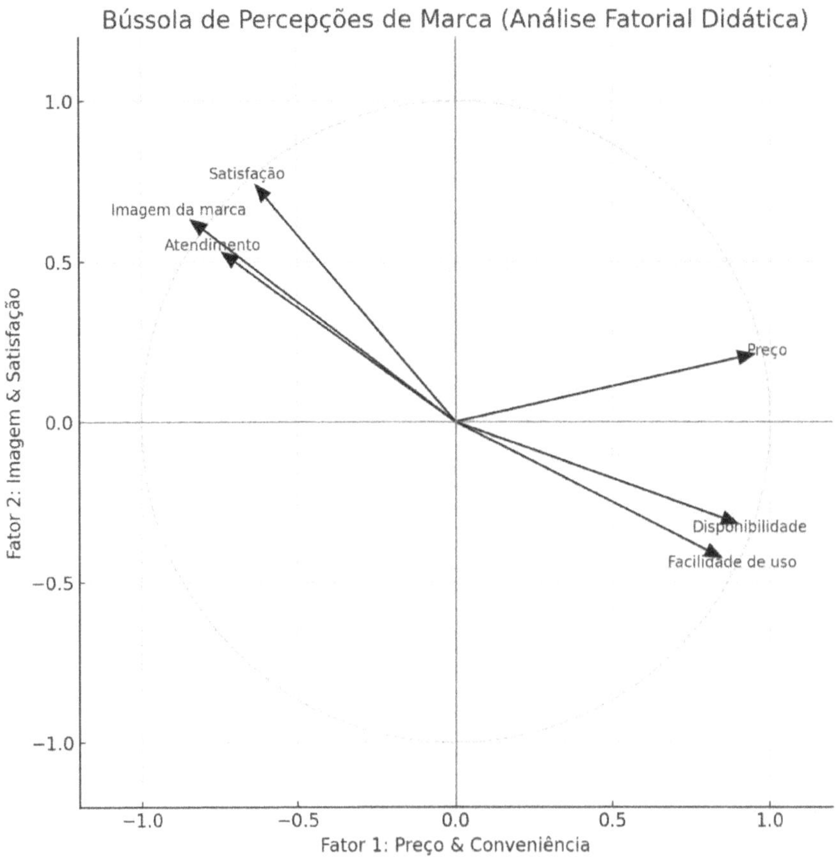

Aplicações:

- Resumir múltiplos indicadores de marketing em poucos fatores (por exemplo, "imagem de marca", "preço", "conveniência").

- Reduzir ruído em grandes bases de dados.

- Facilitar visualizações e análises.

O que o gráfico mostra?

Este gráfico é uma forma simplificada e visual de entender o resultado de uma Análise Fatorial no contexto de marketing. Chamamos de "Bússola" porque ele organiza visualmente os principais atributos percebidos de uma marca, como Preço, Imagem, Satisfação, Facilidade de uso, Disponibilidade e Atendimento.

Cada seta representa um desses atributos, apontando na direção em que esse fator mais influência a percepção da marca.

O gráfico está dividido em duas dimensões principais:

- **Fator 1 (horizontal)**: associa características ligadas a Preço e Conveniência.

- **Fator 2 (vertical)**: associa características ligadas a Imagem e Satisfação.

Como interpretar?

- A posição e direção das setas mostram quais atributos estão relacionados entre si.

- A proximidade entre duas setas indica que esses atributos são percebidos de forma parecida pelos consumidores.

- O comprimento das setas (quanto mais distante do centro) indica que aquele atributo é importante para explicar as diferenças entre as marcas.

Por exemplo:

- Imagem da marca e satisfação estão apontando na mesma direção — isso sugere que uma boa imagem de marca tende a andar com alta satisfação dos clientes.

- Facilidade de uso e Disponibilidade também estão próximas, sugerindo que marcas fáceis de encontrar também são vistas como práticas.

- Preço está apontando para um lado diferente dos atributos de imagem e atendimento, o que pode indicar que percepções de preço justo e prestígio de marca podem seguir caminhos distintos.

O que o gráfico revela?

O gráfico permite entender de forma rápida:

- Quais atributos formam clusters de percepção (por exemplo, conveniência ligada a disponibilidade).
- Onde as marcas podem fortalecer ou reposicionar sua imagem, dependendo do que os consumidores valorizam mais.
- Como resumir muitas informações em apenas dois eixos fáceis de interpretar.

Exemplo prático de uso:

Imagine que sua marca é percebida como cara (preço alto) mas não muito associada à imagem forte ou satisfação. A bússola mostra que investir em melhorar a imagem e a satisfação pode reposicionar a percepção dos consumidores, aproximando sua marca de atributos mais valorizados.

Modelos Supervisionados

Regressão Logística

Usada para prever variáveis binárias (compra/não compra). É muito útil em churn prediction e na modelagem de respostas a campanhas.

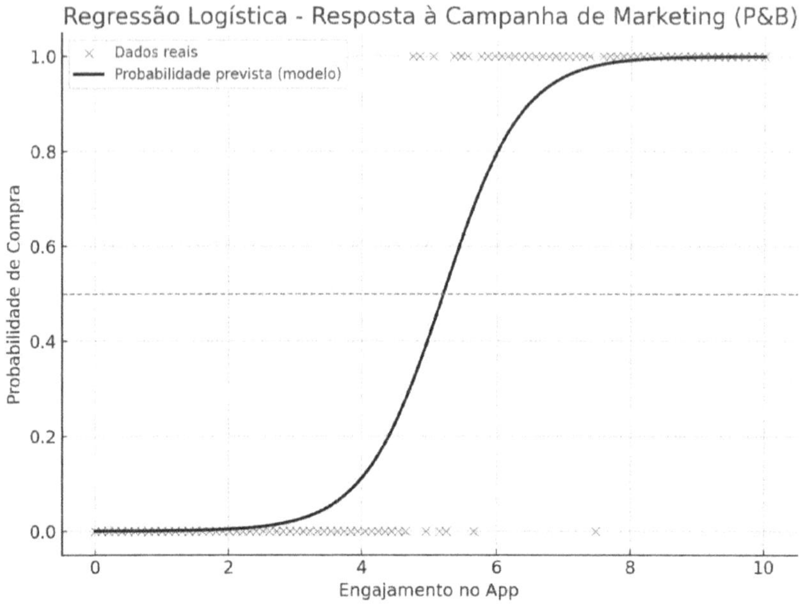

O que o gráfico mostra?

Este gráfico representa a aplicação da Regressão Logística para prever a probabilidade de compra de um cliente com base em seu nível de engajamento no app (ex: número de interações, tempo de uso, cliques em campanhas, etc.).

- **Eixo X**: mede o nível de engajamento no app.
- **Eixo Y**: mostra a probabilidade estimada de que o cliente realize uma compra.
- **Pontos pretos**: representam os dados reais coletados na pesquisa ou campanha (0 = não comprou, 1 = comprou).
- **Linha preta**: curva de probabilidade estimada pelo modelo logístico.
- **Linha tracejada cinza (0.5)**: representa o ponto de corte padrão. Acima de 0.5, o modelo prevê "compra"; abaixo, "não compra".

O que está acontecendo no gráfico?

A Regressão Logística modela a probabilidade de um evento binário — aqui, o evento é "compra após campanha".

- Clientes com baixo engajamento (à esquerda) têm baixa chance de conversão.

- À medida que o engajamento aumenta, a probabilidade de compra cresce de forma não linear, tendendo a se estabilizar nos extremos (0 ou 1).

Exemplo prático:

Imagine que você tem um público de 50 mil usuários de aplicativo. Com um modelo como esse, é possível prever quem tem alta chance de comprar se impactado por uma oferta — otimizando o investimento em mídia e melhorando o ROI da campanha.

Árvores de Decisão e Random Forest

Esses métodos segmentam dados a partir de perguntas simples, como "renda > X?". A Random Forest combina diversas árvores para maior robustez, sendo valiosa em aplicações como detecção de fraudes.

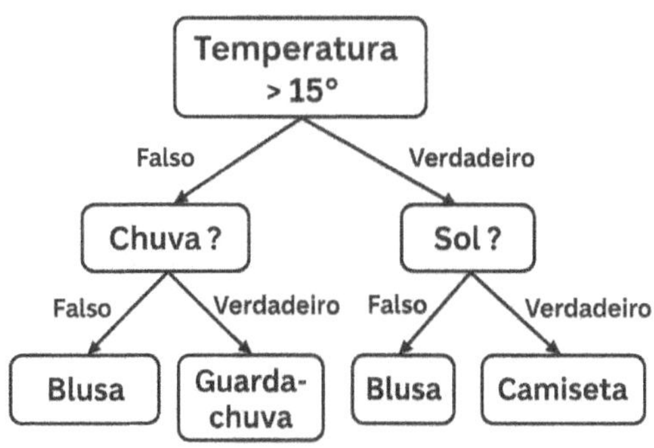

O que o gráfico mostra?

Este gráfico é uma árvore de decisão que ajuda a escolher a roupa adequada com base na temperatura e nas condições do tempo (chuva ou sol). Cada caixa representa uma pergunta ou uma decisão, e as setas indicam o caminho a seguir conforme a resposta (Verdadeiro ou Falso).

Como interpretar?

1. Nó Raiz – "Temperatura > 15°C?"
   - Se Falso (temperatura igual ou menor que 15°C), avalia se está chovendo.
   - Se Verdadeiro (temperatura maior que 15°C), avalia se está ensolarado.
2. Segundo nível de decisão:
   - Se temperatura ≤ 15°C —> pergunta: "Chuva?"
     - Falso —> Vista uma Blusa (está frio, mas seco).
     - Verdadeiro —> Pegue um Guarda-chuva (está frio e chuvoso).
   - Se temperatura > 15°C —> pergunta: "Sol?"
     - Falso —> Vista uma Blusa (temperatura amena, mas sem sol).
     - Verdadeiro —> Use uma Camiseta (dia quente e ensolarado).

O que o gráfico revela?

- A árvore de decisão organiza de maneira lógica e sequencial como escolher a roupa baseada em duas condições principais: temperatura e condição climática (chuva ou sol).
- É simples, binária (Sim/Não) e visual, facilitando a tomada de decisão.

Exemplo prático de uso:

- Se hoje está 12 °C e sem chuva —> escolha uma Blusa.
- Se hoje está 10 °C e chovendo —> leve um Guarda-chuva.
- Se está 25 °C e ensolarado —> vista uma Camiseta.
- Se está 20 °C, mas sem sol —> prefira uma Blusa leve.

Support Vector Machines (SVM)

Localiza um hiperplano ótimo que separa classes de dados. Pode ser empregada na classificação de e-mails (spam/não spam) ou na identificação de clientes premium.

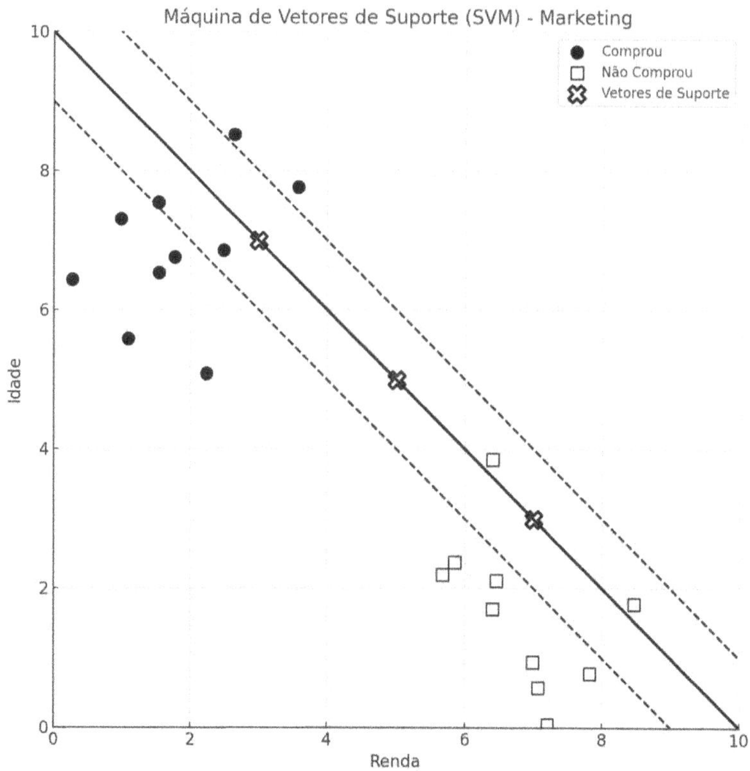

O que o gráfico mostra?

Este gráfico representa uma aplicação de Máquinas de Vetores de Suporte (SVM) em um problema de marketing, visando separar clientes que compraram de clientes que não compraram com base em duas variáveis:

- **Eixo X**: Renda do cliente.

- **Eixo Y**: Idade do cliente.

Os dados são representados de forma visual:

- **Círculos pretos**: Clientes que compraram.

- **Quadrados vazados**: Clientes que não compraram.

Também vemos:

- **Linha sólida preta**: é o limite de decisão (ou "fronteira de separação") — a linha que divide o espaço entre quem provavelmente comprou e quem não comprou.

- **Linhas tracejadas pretas**: são as margens — elas mostram a "zona de segurança" entre os dois grupos.

- **Vetores de suporte**: são marcados como "X" maiores — esses pontos definem exatamente a posição da linha de decisão, pois estão mais próximos dela.

Como interpretar?

- Se um cliente está abaixo da linha sólida, o modelo prevê que ele comprou.

- Se o cliente está acima da linha sólida, o modelo prevê que ele não comprou.

- O SVM constrói o limite de decisão de forma a maximizar a distância entre os clientes dos dois grupos, aumentando a robustez da separação.

Os vetores de suporte são essenciais porque são os dados mais "no limite", aqueles que realmente "puxam" a linha para sua melhor posição.

Exemplo prático

- Um cliente com baixa renda e alta idade (ex.: ponto inferior esquerdo) é previsto como provável comprador.
- Um cliente com alta renda e baixa idade (ex.: ponto superior direito) é previsto como não comprador.
- Clientes muito próximos da linha sólida podem precisar de campanhas de incentivo específicas, já que estão no "limite" da decisão.

Regressões (Lineares, Ridge, Lasso)

Para variáveis contínuas, a regressão linear é um ponto de partida. Já Ridge e Lasso ajudam a lidar com problemas de colinearidade e a selecionar variáveis. São amplamente usadas para prever vendas, definir orçamentos de mídia e correlacionar variáveis como preço e demanda.

O que o gráfico mostra?

O gráfico apresenta três tipos diferentes de regressão aplicados a um problema clássico de marketing: Relacionar o investimento em marketing (eixo X) com o volume de vendas geradas (eixo Y).

- **Pontos pretos**: representam os dados reais observados — ou seja, resultados reais de campanhas.
- **Linhas**: mostram os modelos de regressão tentando ajustar a melhor reta que explica a relação entre investimento e vendas.

Existem três linhas:

- **Regressão Linear (linha sólida preta)**: modelo tradicional que busca a linha reta que minimiza o erro total entre a linha e os pontos observados.

- **Regressão Ridge (linha preta tracejada)**: variante que penaliza valores extremos dos coeficientes, tornando o modelo mais estável e evitando overfitting.

- **Regressão Lasso (linha preta pontilhada)**: variante que, além de penalizar, pode zerar coeficientes, favorecendo modelos mais simples e realizando seleção automática de variáveis.

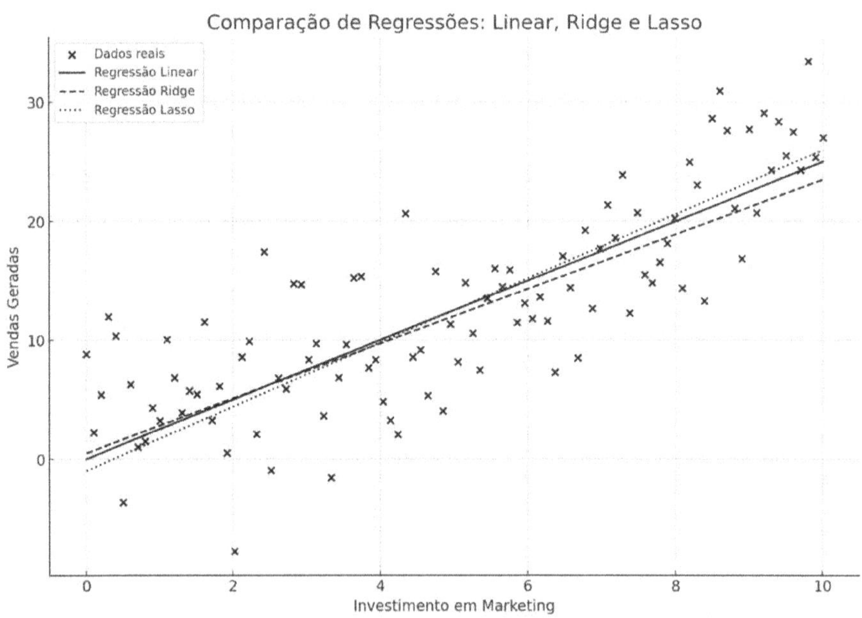

Como interpretar?

- A Regressão Linear encaixa diretamente os dados, mas pode ser muito sensível a flutuações e ruídos (especialmente se houver muitos dados dispersos).

- A Ridge ajusta de maneira mais conservadora — sua linha fica um pouco menos inclinada, priorizando a estabilidade.

- A Lasso força ainda mais a simplicidade — sua linha pode ser mais agressiva ao ignorar variações menores, focando em padrões mais fortes.

Cada técnica é útil dependendo da situação:

Cenário	Técnica Ideal
Poucos dados e pouco ruído	Regressão Linear
Muitos dados e risco de overfitting	Regressão Ridge
Muitos dados, mas também desejo de simplificar o modelo	Regressão Lasso

Exemplo prático:

- Se a equipe de marketing estiver usando muitos canais (Google, Facebook, Instagram, Outdoor, TV, etc.), a Regressão Lasso pode ajudar a identificar quais canais impactam de fato nas vendas.

- Se há pouco histórico e medo de "superajustar" o modelo aos dados (overfitting), a Regressão Ridge pode ser mais segura.

- Se for uma situação simples, com poucos canais e dados bem comportados, a Regressão Linear comum pode ser suficiente.

Redes Neurais: O modelo por trás das maravilhas da IA

As Redes Neurais ocupam lugar de destaque no cenário atual, especialmente quando falamos de IA generativa ou modelos de linguagem. Inspiradas no funcionamento do cérebro humano, elas consistem em camadas de neurônios artificiais que transformam e propagam dados.

Redes Neurais Profundas: Explicando de Forma Simples

Imagine que você está tentando ensinar uma criança a reconhecer frutas. No começo, ela pode confundir uma maçã com um tomate. Mas, com o tempo e com muitos exemplos, ela aprende a diferençar pela cor, forma, tamanho e até pelo cheiro. As Redes Neurais Profundas (ou DNNs, do inglês Deep Neural Networks) funcionam de um jeito parecido. Elas são sistemas que aprendem a reconhecer padrões a partir de muitos exemplos, mas em vez de usar olhos e nariz, usam dados e cálculos matemáticos.

O que é uma Rede Neural Profunda?

Uma rede neural é um conjunto de unidades chamadas "neurônios artificiais", inspiradas no funcionamento do nosso cérebro. Cada neurônio recebe informações, faz alguns cálculos simples e passa o resultado para outros neurônios. Uma rede é dita "profunda" quando ela tem várias camadas entre a entrada (os dados) e a saída (a resposta). Pense em uma cebola, com várias camadas — quanto mais camadas, mais complexa pode ser a interpretação.

Como uma Rede Neural Aprende?

Quando você treina uma rede, você mostra muitos exemplos de um problema com a resposta correta. Por exemplo, para reconhecer fotos de zebras, você mostra milhares de imagens e diz: "isso é uma zebra". Cada vez que a rede erra, ela ajusta os "pesos" — não é o peso da balança, mas uma forma de dizer o quanto uma informação é importante para chegar à resposta correta.

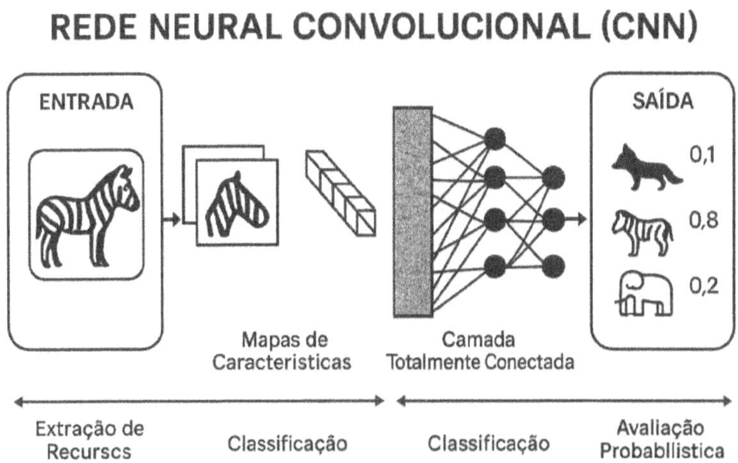

Esse ajuste acontece por meio de um processo chamado **retropropagação**. Em resumo, é como se a rede fizesse um teste, errasse, recebesse uma dica de onde errou, corrigisse e tentasse de novo, melhorando a cada tentativa.

Sabe quando você entra em um site e ele te pede para reconhecer semáforos, escadas e outras figuras? Você está ajudando um modelo de redes neurais a reconhecer melhor um padrão de imagem ou objeto.

Por que é Difícil Treinar Redes Profundas?

Treinar redes com muitas camadas é como tentar ensinar truques de mágica para uma criança muito pequena: é fácil se perder e se confundir. Alguns dos desafios são:

- Desaparecimento do gradiente: é quando as dicas de erro ficam tão pequenas conforme passam pelas camadas que a rede quase não aprende nada.
- Sobreajuste: a rede aprende tão bem os exemplos mostrados que não sabe lidar com casos novos — é como decorar respostas para uma prova em vez de entender o assunto.

Como Resolver Esses Problemas?

A comunidade científica desenvolveu várias soluções criativas, como:

- **Arquiteturas melhores**: modelos como as redes convolucionais (CNNs) ajudam a processar imagens, e redes recorrentes (RNNs) são boas para sequências, como textos.
- **Normalização**: técnicas que mantêm os dados sob controle dentro da rede.
- **Dropout**: durante o treino, a rede "esquece" alguns neurônios temporariamente para evitar o sobreajuste.

Por que Redes Neurais Profundas são Importantes?

Elas estão por trás de avanços que você vê todo dia: assistentes virtuais, recomendações de filmes, traduções automáticas, carros autônomos... As DNNs são como "superdetetives" capazes de encontrar padrões complexos em montanhas de informações.

Redes Neurais Profundas são uma forma incrível de ensinar máquinas a interpretar o mundo. Mas, como qualquer aprendizado real, exigem muito treino, paciência e as ferramentas certas.

No Homo Algorithmus, sempre digo: quem aprende a entender essas redes está um passo à frente na nova era digital.

Se você quiser imaginar essas redes de forma simples: é como ensinar uma criança a ver o mundo — com muitos exemplos, correções gentis e uma boa dose de persistência.

Uma Ferramenta Vigorosa, mas não Mágica

O universo do Machine Learning é extenso e repleto de oportunidades. Seja na análise não supervisionada ou supervisionada, é crucial entender que não existe uma única solução para todos os problemas. Cada desafio pede uma ferramenta diferente, tal como um martelo serve para pregos e uma chave de fenda para parafusos.

Em organizações, esse poder se traduz em decisões mais dinâmicas, segmentações mais refinadas e antecipação de tendências. Mas é preciso cautela: dados bem tratados, hipóteses claras e métricas sólidas são o fio condutor do êxito. Uma vez que essa base esteja bem estruturada, o ML abre portas para inovações que vão desde a personalização de campanhas até diagnósticos assertivos de cenários complexos.

No final, o Machine Learning confere às máquinas a capacidade de "aprender", mas a sabedoria de usar bem essas descobertas ainda depende do olhar humano — aquele que consegue ponderar riscos, enxergar além dos números e conduzir a estratégia. É na união entre algoritmo e intuição que o Homo Algorithmus encontra sua verdadeira capacidade de transformação.

4

ENGENHARIA DE PROMPT: A Língua do Homo Algorithmus

CADA ESPÉCIE DESENVOLVE SUA linguagem. Para caçar, para amar, para ensinar. A linguagem molda a consciência, estrutura o pensamento e permite a transmissão de cultura entre gerações. Para o *Homo sapiens*, a fala e a escrita foram ferramentas de civilização. Para o *Homo algorithmus*, a linguagem é o *prompt*.

Engenharia de prompt é a arte – e a ciência – de dialogar com sistemas algorítmicos em seu idioma nativo. Não se trata apenas de comandos: trata-se de formular intenções, estruturar contextos, definir formatos e calibrar respostas. Um bom prompt não é uma pergunta qualquer – é uma arquitetura de pensamento que guia a máquina por caminhos específicos de inferência, contexto e geração.

Neste estágio evolutivo, o *Homo algorithmus* descobre que a eficácia da inteligência artificial não está apenas na potência dos modelos, mas na precisão da interlocução. Assim como sociedades inteiras foram moldadas pela forma como se comunicaram – com símbolos, gramáticas, estilos e códigos —, a relação entre humanos e IA se transforma conforme refinamos nossa linguagem para interagir com ela.

Dominar a engenharia de prompt é, portanto, mais do que operar ferramentas. É aprender a pensar como tradutor entre mundos: o mundo semântico e o mundo estatístico, o universo humano de nuances e o universo algorítmico de padrões.

Este capítulo mergulha nos fundamentos e técnicas dessa nova linguagem. Da estruturação de perguntas eficazes à criação de fluxos conversacionais, do uso de constrangimentos e papéis à exploração de contextos persistentes, exploramos o que faz um prompt funcionar – e, mais importante, o que o torna criativo, preciso e ético.

Porque, no fim, a linguagem não é apenas um meio de comunicação. É a interface da consciência. E, para o *Homo algorithmus*, saber falar com a máquina é, acima de tudo, saber pensar com ela.

Uma Arte em Construção

Vivemos em tempos em que o domínio da escrita e da oratória, habilidades consideradas cruciais desde a Grécia Antiga, ganhou uma nova vertente: **a engenharia de prompt**. E por "prompt", não me refiro apenas a um simples comando dado a um modelo de linguagem; estou falando de uma verdadeira arte de direcionar o pensamento algorítmico. Assim como no marketing, onde o framing de uma mensagem pode mudar tudo, a forma como formulamos esses prompts pode ser a diferença entre uma resposta precisa e relevante ou um desvio completo, fruto das chamadas "alucinações" da IA.

O que é Engenharia de Prompt?

Em linhas gerais, a Engenharia de Prompt é a metodologia de criar, refinar e otimizar instruções fornecidas a um modelo de Inteligência Artificial, frequentemente um LLM (Large Language Model), como GPT-4 ou Gemini. Enquanto no passado bastava inserir palavras-chave soltas, hoje sabemos que os resultados melhoram exponencialmente quando pensamos no contexto, no público-alvo e no formato final desejado.

Metáfora do Maestro: Costumo dizer que esse papel se assemelha ao de um maestro de orquestra. O prompt é a partitura. Quando bem trabalhada, a orquestra (IA) executa uma sinfonia harmônica, na qual cada seção (palavras, expressões, conceitos) está em sintonia com as demais. Uma partitura mal escrita, por outro lado, pode resultar em caos, dissonância ou, no mínimo, confusão.

O Valor da Contextualização: A IA não lê pensamentos nem entende o subtexto humano de forma inerente; ela opera a partir de padrões e probabilidades aprendidas em seu treinamento. Logo, trazer referências claras, definir o papel que a IA deve assumir – "finja ser um consultor de marketing experiente", por exemplo – e esclarecer a estrutura da resposta são atitudes que podem "iluminar" o caminho do modelo.

Por que o Prompt se torna Fundamental?

Precisão e Qualidade das Respostas

Não são raros os casos em que a IA devolve uma resposta vaga ou completamente descontextualizada. Muitos usuários, então, culpam a tecnologia, sem perceber que talvez tenham fornecido um prompt genérico demais. Assim como no marketing, se não definirmos claramente nosso segmento e nosso objetivo, as chances de atingir um resultado satisfatório são mínimas.

Acelerando Fluxos de Trabalho

Quando você domina a Engenharia de Prompt, pode automatizar processos de criação de conteúdo, análise de dados, brainstorms criativos e uma infinidade de tarefas. O prompt bem elaborado funciona como um atalho para resultados mais refinados, poupando tempo e energia da equipe. Isso não significa abandonar o componente humano, mas sim potencializar nossa capacidade de atuação.

Personalização e Segmentação

Com prompts detalhados, conseguimos orientar a IA para nuances específicas do público ou mesmo para adequações culturais e regionais. Quer falar sobre moda para uma audiência carioca? Quer criar um roteiro de vendas para um cliente B2B alemão? Um prompt contextualizado permite um nível de personalização que, há alguns anos, seria impensável sem uma equipe de redatores e tradutores.

A Sombra das "Alucinações/Hallucinations"

O termo "alucinação" é curioso: ele descreve o fenômeno em que o modelo de IA gera uma resposta coerente em termos de linguagem, porém incorreta, irrelevante ou até mesmo perigosamente enganosa. É como se ele "inventasse" fatos, datas e referências que não existem. Essas alucinações surgem por diversas razões, como:

1. **Falta de Dados ou Dados Conflitantes**: Se o modelo não encontrar informações claras em seu treinamento, ele pode preencher lacunas com suposições estatísticas, gerando uma pseudo-realidade.

2. **Ambiguidade do Prompt**: Prompts confusos ou vagos deixam a IA "solta" para completar as sentenças da melhor forma que puder, o que pode resultar em saídas alucinadas.

3. **Extrapolação Excessiva**: Em certos casos, o modelo toma fragmentos de dados e faz generalizações muito além do que é factível – isso especialmente quando tentamos extrair correlações inexistentes.

Riscos Reais

No contexto empresarial, essas alucinações não são apenas curiosidades de IA. Imagine uma ferramenta que gera relatórios financeiros ou diagnósticos médicos e, por conta de lacunas nos prompts, começa a "inventar" números ou doenças? As consequências podem ser catastróficas: prejuízos milionários, danos à saúde ou até crises reputacionais. Assim, a engenharia de prompt não é só um artifício estético; trata-se de uma medida de mitigação de riscos.

A Importância da Curadoria Humana

Sempre insisto em algo fundamental: embora a IA seja capaz de sintetizar e recombinar informações, **só um olhar humano** consegue avaliar completamente a veracidade e a relevância daquelas respostas para o negócio. É imprescindível incluir uma camada de validação e de senso crítico em qualquer solução de IA que manipule dados sensíveis ou cenários de decisão complexos. Podemos (e devemos) automatizar boa parte do fluxo, mas a supervisão humana ainda é indispensável.

Método DIMI: O GPS da Inteligência Artificial na Prática

(Diagnóstico · Identidade · Modelagem · Insights)

Vou te contar algo que aprendi observando centenas de projetos de IA: a diferença entre aqueles que geram resultados transformadores e os que viram mais um relatório esquecido não está na sofisticação do algoritmo. Está em seguir um método claro, que conecte o problema real à solução prática. É aí que entra o DIMI.

Pense no DIMI como o GPS da sua jornada com inteligência artificial. Assim como você não sairia dirigindo sem destino definido, não deveria começar um projeto de IA sem esse roteiro. E acredite: depois de ver tantos projetos milionários fracassarem por falta de método, posso garantir que esse framework vai te poupar muito tempo, dinheiro e frustração.

O Diagnóstico: Descobrindo o Problema que Realmente Importa

Deixe-me começar com uma história real que ilustra perfeitamente por que o diagnóstico é o alicerce de tudo. Em 2009, a Netflix ofereceu um prêmio de um milhão de dólares para quem conseguisse melhorar seu algoritmo de recomendação em apenas 10%. Parece pouco, mas imagine o impacto: milhões de usuários recebendo sugestões mais precisas, mais tempo assistindo, mais receita. Um time brilhante conseguiu atingir exatamente essa meta após anos de trabalho.

E sabe o que aconteceu? A Netflix nunca implementou a solução premiada. Enquanto os cientistas se dedicavam a aperfeiçoar o algoritmo de DVDs, a empresa mudou completamente de estratégia, migrando para streaming e descobrindo que outras variáveis – como velocidade de carregamento e interface – impactavam muito mais a experiência do usuário do que a precisão das recomendações.

Esta história me acompanha sempre que inicio um projeto de IA, porque ela cristaliza uma verdade fundamental: resolver o problema certo é infinitamente mais valioso do que ter a solução mais elegante para o problema errado. E descobrir qual é o problema certo exige um diagnóstico cuidadoso.

O diagnóstico começa com perguntas aparentemente simples, mas que revelam muitas vezes complexidades inesperadas. A primeira é: qual objetivo de negócio estamos realmente tentando alcançar? Note que não perguntei "que algoritmo vamos usar" ou "que dados temos disponíveis". Essas são perguntas técnicas que vêm depois. O diagnóstico força você a pensar em termos de impacto real: aumentar vendas, reduzir custos operacionais, melhorar experiência do cliente, acelerar diagnósticos médicos.

Mas vá além do genérico. Se você disser "queremos melhorar o atendimento ao cliente", ainda não chegou lá. O que exatamente isso significa? Reduzir o tempo de resposta de 24 para 4 horas? Aumentar a taxa de resolução no primeiro contato de 60% para 85%? Diminuir o número de transferências entre departamentos? Quanto mais específico for o objetivo, mais fácil será medir se a IA realmente funcionou.

A segunda pergunta diagnóstica é sobre processos: que tarefas repetitivas, morosas ou ineficientes existem hoje? Aqui, você está mapeando onde a automação inteligente pode gerar valor imediato. Pode ser a triagem manual de documentos jurídicos que leva horas, a análise visual de imagens médicas que sobrecarrega radiologistas, ou a classificação de e-mails de suporte que atrasa respostas aos clientes. A IA brilha justamente nesses pontos onde há padrões para reconhecer e decisões para automatizar.

A terceira pergunta é sobre dados: o que já coletamos e o que precisaríamos coletar? Faça um inventário honesto. Muitos projetos falham porque subestimam essa etapa. Você tem dados de qualidade suficiente? Eles representam bem a realidade que a IA precisa entender? Há vieses históricos que poderiam contaminar o modelo? Se a IA vai sugerir contratações, mas seus dados históricos refletem práticas discriminatórias do passado, ela pode perpetuar esses problemas.

A quarta pergunta é talvez a mais importante: o que será feito com o resultado se tivermos sucesso? Esta é a pergunta que separa projetos transformadores de exercícios acadêmicos. Como exatamente o insight vai virar ação? Quem vai usar a informação? Que decisões concretas serão tomadas? Se você não consegue responder isso com clareza, talvez seja melhor pausar e repensar o projeto.

Já vi muitos times cometerem o erro de pular direto para análise de dados ou desenvolvimento de dashboards sem essa clareza de propósito. O resultado inevitável é aquilo que chamo de "Síndrome do Relatório Esquecido": você produz uma análise tecnicamente perfeita que ninguém usa, porque não estava conectada a uma necessidade real de tomada de decisão.

O diagnóstico certo também considera contexto e timing. Cada setor tem suas nuances. Na saúde, você precisa considerar protocolos médicos, questões éticas e regulamentações rigorosas. No direito, deve respeitar precedentes jurídicos e linguajar técnico específico. No agronegócio, há ciclos sazonais e variáveis climáticas que influenciam qualquer solução. Entender profundamente esse contexto é o que diferencia uma IA útil de um algoritmo desconectado da realidade.

Identidade: Orquestrando Pessoas e Algoritmos

Com o problema bem diagnosticado, chegamos à segunda etapa: definir quem vai resolver esse problema e como. Quando falo de identidade, estou me referindo tanto às pessoas da equipe quanto à personalidade que sua IA vai assumir. É sobre criar uma sinergia entre inteligência humana e artificial.

Vamos começar pelas pessoas. Um projeto de IA bem-sucedido nunca é um show solo – é uma sinfonia onde cada músico toca seu instrumento no momento certo. A diversidade de papéis não é luxo, é necessidade. Cada perspectiva diferente ajuda a mitigar pontos cegos e vieses que poderiam comprometer o resultado.

O primeiro papel essencial é o especialista do domínio. É a pessoa que respira o contexto do problema todos os dias. Se você está desenvolvendo IA para medicina, precisa de médicos liderando – não apenas consultando. Se é para o jurídico, advogados experientes devem estar no centro da decisão. Esses especialistas garantem que a solução técnica faça sentido no mundo real e que os resultados sejam realmente aplicáveis.

Depois vem o cientista de dados, que traduz o problema de negócio em linguagem de máquina. É quem entende de algoritmos, modelos e estatística, mas – crucial – sempre em diálogo com o especialista do domínio. O melhor cientista de dados é aquele que faz perguntas inteligentes sobre o negócio, não apenas sobre os dados.

O terceiro pilar é o engenheiro de dados, responsável por "arrumar a casa" antes da IA chegar. Sem dados limpos, integrados e acessíveis, mesmo o melhor algoritmo do mundo será inútil. Este profissional cuida da infraestrutura, integra diferentes fontes de informação e estabelece pipelines confiáveis.

Não menos importante é o tomador de decisão – alguém com poder real para implementar as recomendações da IA. Pode ser um diretor, gerente ou outro líder que assegura alinhamento estratégico e libera recursos. É quem vai bater o martelo quando a IA sugerir uma mudança de processo ou investimento.

E cada vez mais, especialmente em setores sensíveis como saúde, finanças e recursos humanos, você precisa de alguém atento aos aspectos éticos e de compliance. Algoritmos podem amplificar vieses humanos de formas sutis e perigosas. Ter essa consciência ética desde o início evita problemas futuros.

Agora, além das pessoas, você precisa definir a identidade da própria IA. Que papel ela vai desempenhar? Como vai interagir com humanos? Essa definição de "personalidade" pode parecer abstrata, mas é profundamente prática.

Veja o caso da Magazine Luiza com a assistente virtual Lu. Eles não criaram apenas um chatbot – criaram uma personalidade completa, amigável, que reflete os valores da marca e se conecta emocionalmente com clientes. A Lu usa IA generativa para atender dúvidas e recomendar produtos, mas faz isso com uma identidade bem definida: é uma vendedora digital simpática, quase uma amiga que ajuda você a escolher o produto certo. Essa clareza de identidade foi fundamental para o sucesso da solução.

Contraste isso com o VICTOR, a IA do Supremo Tribunal Federal. Aqui a identidade é completamente diferente: um assistente incansável de cartório, formal e preciso, que lê peças jurídicas e classifica processos nos bastidores. O VICTOR não substitui juízes – ele acelera o trabalho repetitivo de análise inicial. Essa definição clara de papel evita mal-entendidos e estabelece expectativas corretas.

Mesmo quando a IA não interage diretamente com usuários finais, estabelecer sua identidade é útil. Ela vai sugerir decisões ou apenas fornecer informações? Vai trabalhar em tempo real ou em lotes? Que tipos de resposta são desejáveis ou proibidas? Essas definições orientam tanto o desenvolvimento técnico quanto a aceitação pelos usuários.

Um exemplo que me marca é de um grande escritório de advocacia americano sancionado por citar precedentes jurídicos inventados pela IA. O problema não foi técnico – foi de identidade mal definida. Os advogados usaram a IA como se fosse uma base de jurisprudência confiável, quando, na verdade era um gerador de texto que às vezes "alucina" informações. Se tivessem definido claramente que a IA era apenas um assistente de rascunho que sempre precisaria de verificação humana, o problema não teria acontecido.

Modelagem: Construindo a Base Sólida dos Dados

A terceira etapa do DIMI é onde colocamos a mão na massa, mas não da forma que muitos imaginam. Quando falo de modelagem, não estou me referindo apenas ao treinamento do algoritmo em si. Estou falando de todo o ecossistema que cerca a IA: preparar dados, estabelecer governança, configurar infraestrutura e, só então, ajustar o modelo. É como preparar o terreno antes de construir uma casa.

Existe um ditado clássico em tecnologia que nunca foi tão relevante: "garbage in, garbage out" – lixo entra, lixo sai. Se você alimentar sua IA com dados ruins, ela vai produzir resultados ruins, não importa quão sofisticado seja o algoritmo. E as estatísticas são alarmantes: um relatório recente mostrou que 72% das organizações enfrentam dificuldades com qualidade e escalabilidade de dados, causando prejuízos médios de quase 10 milhões de dólares por ano.

O primeiro passo da modelagem é fazer uma auditoria completa dos seus dados. Estão completos? Atualizados? Consistentes? Representativos? Muitas vezes descobrimos que dados que pareciam confiáveis têm lacunas críticas. Clientes cadastrados com CEPs inexistentes, transações financeiras com datas impossíveis, prontuários médicos com informações contraditórias. Cada inconsistência é uma oportunidade para a IA aprender padrões errados.

A limpeza e padronização dos dados é um trabalho artesanal que exige paciência. Você precisa consolidar diferentes grafias para o mesmo cliente, converter diferentes formatos de data, lidar com campos em branco ou inconsistentes. É tentador automatizar tudo, mas essa etapa muitas vezes exige julgamento humano. Quando você vê "João da Silva" e "João Silva" no banco de dados, são a mesma pessoa? Provavelmente sim, mas você precisa verificar.

Um dos maiores perigos é o viés nos dados de treinamento. A IBM alertou recentemente que se um modelo for treinado com dados preconceituosos ou não representativos, ele tenderá a perpetuar esses vieses de forma ainda mais sistemática. Imagine um algoritmo de seleção de currículos treinado apenas com dados de contratações passadas onde 90% eram homens. O que você acha que vai acontecer quando esse algoritmo avaliar candidatas mulheres? Ele pode rejeitar profissionais qualificadas simplesmente porque aprendeu padrões enviesados do passado.

Por isso, diversidade e equilíbrio nos dados são essenciais não apenas para precisão estatística, mas para justiça algorítmica. Se você está desenvolvendo uma IA médica, ela precisa ter dados representativos de diferentes etnias, idades e condições socioeconômicas. Se é uma IA financeira, deve considerar diferentes perfis de renda e histórico de crédito. Dados balanceados geram algoritmos mais justos e mais precisos.

A questão da governança também não pode ser negligenciada. Você tem permissão legal para usar esses dados? Eles estão em conformidade com LGPD, GDPR ou outras regulamentações? Há medidas adequadas de segurança e privacidade? Essas questões não são burocráticas – são fundamentais para a sustentabilidade do projeto. Já vi soluções tecnicamente perfeitas serem abandonadas por problemas regulatórios que poderiam ter sido evitados desde o início.

Quando falamos de IA generativa, como chatbots ou modelos de linguagem, surge um desafio adicional: as famosas “alucinações”. É quando a IA inventa informações com total convicção, como um vendedor muito convincente que não sabe do que está falando. Um advogado americano foi multado em 15 mil dólares por submeter ao tribunal citações jurídicas completamente inventadas pela IA. O algoritmo criou casos fictícios com nomes de juízes reais e detalhes convincentes.

Para evitar alucinações, algumas práticas são fundamentais: forneça contexto detalhado e específico nas solicitações, delimite claramente o escopo da resposta esperada e, sempre que possível, conecte o modelo a bases de dados verificadas. Se você está desenvolvendo um assistente jurídico, integre-o a bancos de jurisprudência confiáveis. Se é uma IA médica, conecte-a a protocolos clínicos estabelecidos. E jamais dispense a supervisão humana para revisar saídas importantes.

Um exemplo inspirador de modelagem bem-feita vem da Raízen, que integrou dados de mais de 3.500 equipamentos conectados no campo e na indústria. Com uma equipe de mais de 100 pessoas focada em capturar e integrar dados, eles criaram uma central de IA que monitora operações 24 horas por dia. O resultado? Conseguem coordenar 3.600 programações de caminhões diariamente de forma otimizada, monitorar lavouras em tempo real, identificar pragas, prevenir incêndios e otimizar logística de transporte.

Mas veja que o segredo da Raízen não foi apenas ter algoritmos avançados – foi investir pesadamente na infraestrutura de dados. Eles "arrumaram a casa" antes de receber a IA. Integraram milhares de pontos de dados em um sistema central confiável, estabeleceram processos de qualidade rigorosos e criaram uma base sólida que permite aos algoritmos gerarem valor real. Sem essa fundação robusta, mesmo os melhores modelos seriam apenas boas ideias no papel.

Insights: Transformando Algoritmos em Decisões

A quarta e última etapa do DIMI é onde a mágica acontece: transformar os outputs técnicos da IA em insights que geram decisões e movimentam ações. Não importa quão preciso seja seu modelo se ninguém entende ou age com base nos resultados. É aqui que fechamos o ciclo entre inteligência artificial e impacto real.

O primeiro desafio é traduzir "linguagem de máquina" para "linguagem de decisão". Algoritmos produzem números, probabilidades, clusters, classificações. Pessoas precisam de histórias, contexto, recomendações acionáveis. Imagine que seu modelo de Machine Learning identificou cinco segmentos distintos de clientes. O insight não é "temos cinco clusters com centroides em dimensões X, Y e Z" – isso é conversa técnica. O insight traduzido seria: "Descobrimos cinco perfis de clientes bem distintos: dois grupos são sensíveis a preço e compram esporadicamente, um terceiro é extremamente fiel à marca, um quarto busca produtos premium, e o quinto grupo são compradores impulsivos. Campanhas personalizadas para cada perfil podem aumentar nossa taxa de conversão em até 40%."

Veja a diferença? No primeiro caso, você está reportando o que o algoritmo encontrou. No segundo, está contando uma história sobre o que isso significa para o negócio e que ações podem ser tomadas. Essa tradução exige uma ponte entre competência técnica e entendimento profundo do contexto de negócio.

Uma técnica poderosa aqui é o que chamamos de data storytelling. A Gartner define como "a arte de comunicar dados de forma eficaz, combinando contexto, narrativa e visualizações para engajar a audiência e embasar decisões". É muito mais do que fazer gráficos bonitos – é construir uma narrativa convincente que conecte descobertas técnicas a impactos práticos.

Todo bom data storytelling tem três elementos: contexto (por que esse insight importa agora?), narrativa (que história os dados estão contando?) e visualização (como apresentar isso de forma clara e memorável?). Um hospital que implementou IA para otimizar agendamentos de cirurgia pode apresentar assim: "Nos últimos três meses, nossa IA reduziu em 25% o tempo médio de espera por cirurgia – isso significa que nossos pacientes esperam 10 dias a menos, em média. Veja neste gráfico como cada especialidade foi impactada, com destaque para ortopedia, que teve os maiores ganhos. Aqui está o depoimento do Dr. Silva sobre como isso mudou a rotina da equipe..."

Essa abordagem amarra números a narrativas e impactos humanos reais. Transforma dados frios em informação que ressoa emocionalmente e motiva ação. Sabemos que pessoas respondem melhor a histórias do que as planilhas – então é responsabilidade de quem lidera projetos de IA fazer essa ponte.

Mas comunicar bem é apenas metade da batalha. A outra metade é integrar os insights nos processos operacionais. O resultado da IA deve transbordar automaticamente para outras plataformas e ações. Se seu modelo de marketing identifica 100 clientes com alta probabilidade de cancelamento, essa lista deve alimentar imediatamente uma campanha de retenção no CRM ou acionar o time de sucesso do cliente. Se a IA agrícola prevê risco de praga em determinadas áreas da fazenda, isso deve gerar automaticamente uma ordem de serviço para aplicação de defensivo.

Essa integração de "última milha" é onde muitos projetos falham. A IA produz insights valiosos, mas eles ficam presos em relatórios ou dashboards que ninguém consulta regularmente. Grandes players do e-commerce já resolveram isso: recomendações de IA são integradas em tempo real nas plataformas, gerando upsell automático. Em marketing digital, modelos segmentam usuários e personalizam automaticamente o conteúdo que cada pessoa vê. É um loop contínuo onde a saída da IA alimenta imediatamente a próxima interação.

Outro aspecto crucial é a avaliação e aprendizagem contínua. Os insights gerados devem ser medidos em termos de resultado concreto, sempre voltando aos KPIs definidos lá no diagnóstico. "A implementação do modelo X gerou economia de Y reais em seis meses." "A acurácia do diagnóstico médico aumentou para 95%, evitando Z erros de detecção." "O tempo de resposta ao cliente caiu de 24 para 4 horas." Esses números não apenas validam o sucesso do projeto – eles alimentam o próximo ciclo DIMI.

E aqui está uma das belezas do método: ele é iterativo. Organizações que pensam em IA como processo contínuo, não como projeto pontual, criam círculos virtuosos. Dados geram insights, insights geram ações, ações geram novos dados que refinam os modelos e produzem insights ainda melhores. É assim que empresas se tornam verdadeiramente orientadas por IA.

A Raízen exemplifica bem essa abordagem. Eles não apenas implementaram IA e pararam por aí. Eles mensuraram e comunicaram os ganhos de forma sistemática: aumento de eficiência, redução de custos, melhoria de produtividade e segurança. Esses resultados tangíveis convenceram equipes e alta gestão a expandir o uso de IA para outras áreas, criando um ciclo de adoção crescente.

O Ciclo Virtuoso do DIMI

O que torna o método DIMI especialmente poderoso é sua natureza cíclica. Cada etapa alimenta a próxima, e o final do processo já planta sementes para novos diagnósticos. Não é um projeto linear que você executa uma vez – é um processo de melhoria contínua que amadurece com sua organização.

O diagnóstico garante que você sempre comece focando no problema certo, alinhado a objetivos de impacto real. A identidade engaja as pessoas certas e define expectativas claras sobre o papel de cada um – humanos e algoritmos. A modelagem provê a base sólida de dados e governa responsavelmente o desenvolvimento da IA. E os insights traduzem todo esse trabalho técnico em valor prático que move decisões e gera resultados.

Quando você domina esse ciclo, sai da conversa teórica sobre IA e entra na liga dos profissionais que entregam transformação real. É a diferença entre ser espectador e protagonista na era da inteligência artificial. O método DIMI é sua ferramenta para fazer essa jornada com segurança e eficácia, conectando sempre o potencial da tecnologia à realidade dos negócios e da vida humana.

Viajando Além

A beleza da Engenharia de Prompt é que ela não se limita ao marketing ou à análise de dados. Qualquer área em que uma IA generativa ou um LLM possa ser usado – desde educação até a medicina – beneficia-se de um prompt bem elaborado. Na educação, por exemplo, o professor pode preparar prompts que simulam um tutor virtual para cada aluno, adaptando o vocabulário e a profundidade do conteúdo. Já na medicina, um prompt bem específico pode ajudar na geração de hipóteses de diagnóstico, sempre enfatizando que a decisão final cabe ao médico.

A Engenharia de Prompt, portanto, é uma disciplina emergente que mescla técnica, visão estratégica e consciência dos riscos. Não se trata apenas de "perguntar" algo para um algoritmo, mas de moldar o cenário em que esse algoritmo opera, a fim de minimizar alucinações e maximizar a utilidade real das respostas. Se o Homo Algorithmus é o próximo passo de nossa evolução, aprender a dialogar com as máquinas de modo eficaz e seguro é, sem dúvida, um dos pilares mais importantes dessa transição.

Os potenciais de ganho – em velocidade, economia de recursos e alcance criativo – são imensos. Mas, como todo poder, a IA exige responsabilidade e curadoria humana. Feito isso, a Engenharia de Prompt se torna um verdadeiro instrumento de orquestração: projetamos perguntas e cenários, e a sinfonia resultante é um marketing mais ágil, um suporte ao cliente mais eficiente, um produto mais inovador e, acima de tudo, uma colaboração homem-máquina mais harmoniosa. Afinal, no centro de tudo, continuamos nós, com nossa capacidade de sonhar e tomar decisões conscientes, mas agora equipados com algoritmos que nos ajudam a transformar esses sonhos em realidade concreta.

5

FERRAMENTAS DE IA: Os Cérebros Auxiliares do Homo Algorithmus

"Se os dados são o alimento do Homo Algorithmus, então as ferramentas de IA são seus cérebros auxiliares. E que rede neural magnífica temos à nossa disposição."

Deixe-me contar uma história que aconteceu comigo há alguns meses. Estava em casa, num domingo chuvoso, tentando preparar uma apresentação para segunda-feira sobre tendências de marketing digital. O deadline apertava, a inspiração não vinha, e eu encarava uma tela em branco com aquela sensação familiar de bloqueio criativo que todo profissional conhece.

Foi então que resolvi experimentar algo diferente. Em vez de forçar ideias, comecei uma conversa com o ChatGPT: "Me ajuda a pensar sobre o futuro do marketing? Estou sentindo que algo grande está mudando, mas não consigo colocar o dedo no que é exatamente." O que se seguiu foi uma das conversas mais produtivas da minha carreira. Não porque a IA tinha respostas mágicas, mas porque ela me fez as perguntas certas, me desafiou com perspectivas que eu não havia considerado, e me ajudou a conectar pontos que estavam dispersos na minha mente.

Três horas depois, eu tinha não apenas uma apresentação, mas uma nova compreensão sobre onde estamos indo como espécie. Pela primeira vez na história, temos cérebros auxiliares artificiais que podem amplificar nossa capacidade de pensar, criar e executar de formas que nossos ancestrais considerariam mágica.

Essa experiência me fez perceber algo fundamental: não estamos simplesmente usando ferramentas novas – estamos desenvolvendo uma nova forma de cognição colaborativa. O Homo Algorithmus não é apenas um humano que usa IA; é uma consciência híbrida que pensa com múltiplos cérebros da mesma forma que nossos ancestrais pensavam com instrumentos de pedra.

A Nova Rede Neural da Dumanidade

Lembra quando falei sobre a jornada evolutiva da humanidade, desde as primeiras ferramentas de pedra até o smartphone? Cada salto tecnológico não apenas nos deu novas capacidades – ele literalmente reconfigurou nossa forma de pensar e interagir com o mundo. O fogo nos deu tempo para desenvolver linguagem complexa. A escrita externalizou nossa memória. O computador amplificou nossa capacidade de cálculo.

Agora, as ferramentas de IA estão fazendo algo ainda mais profundo: estão se tornando extensões diretas da nossa inteligência. E isso não é metáfora. Quando você conversa com o ChatGPT, quando o Midjourney visualiza seus conceitos, quando o NotebookLM analisa suas pesquisas, você está literalmente pensando com uma mente expandida, como se tivesse desenvolvido lobos cerebrais adicionais especializados.

É como se de repente tivéssemos evoluído para ter múltiplos cérebros trabalhando em sincronia. Imagine se você pudesse acessar instantaneamente a capacidade de processamento de um gênio matemático, a criatividade de um artista visionário e a memória enciclopédica de um erudito. Essas ferramentas nos dão algo equivalente: a capacidade de processar padrões e gerar insights em escalas que nosso córtex biológico simplesmente não consegue alcançar sozinho.

A Nova Caixa Craniana da Humanidade

Lembra quando falei sobre a jornada evolutiva da humanidade, desde as primeiras ferramentas de pedra até o smartphone? Cada salto tecnológico não apenas nos deu novas capacidades – ele literalmente reconfigurou nossa forma de pensar e interagir com o mundo. O fogo nos deu tempo para desenvolver uma linguagem complexa. A escrita externalizou nossa memória. O computador amplificou nossa capacidade de cálculo.

Agora, as ferramentas de IA estão fazendo algo ainda mais profundo: estão amplificando nossa própria inteligência. E isso não é metáfora. Quando você conversa com o ChatGPT, quando o Midjourney visualiza seus conceitos, quando o NotebookLM analisa suas pesquisas, você está literalmente pensando com uma capacidade cognitiva expandida.

É como se de repente tivéssemos desenvolvido novos sentidos. Imagine se você pudesse ver raios-x naturalmente, ou escutar ultrassom. Essas ferramentas nos dão algo equivalente: a capacidade de processar padrões em escalas que nosso cérebro biológico simplesmente não consegue.

A Arquitetura da Inteligência Distribuída

Antes de explorarmos ferramentas específicas, é fundamental compreender que estamos diante de um ecossistema interconectado onde cada ferramenta representa uma especialização única. Não se trata de uma competição onde uma ferramenta deve dominar todas as outras, mas de uma sinfonia onde diferentes instrumentos tocam em harmonia para criar uma melodia perfeita.

As ferramentas de IA contemporâneas podem ser organizadas em cinco categorias principais, cada uma atendendo a necessidades específicas do profissional moderno. Temos as plataformas de produtividade empresarial que se integram profundamente aos fluxos de trabalho existentes, os modelos de linguagem especializados para diferentes necessidades de processamento de texto, as ferramentas criativas para geração de conteúdo visual e multimídia, os assistentes de escrita otimizados para diferentes tipos de conteúdo, e as ferramentas de desenvolvimento que democratizam a criação de soluções tecnológicas.

O mercado global de IA generativa explodiu de modestos bilhões para projeções que superam os setenta bilhões de dólares até 2030, crescendo a uma taxa que desafia qualquer precedente histórico. Mas números, por mais impressionantes que sejam, não capturam a verdadeira transformação em curso: a democratização radical da capacidade criativa e analítica, que antes era privilégio exclusivo de grandes corporações e equipes especializadas.

O Universo dos Modelos de Linguagem: Claude, Gemini, GPT-4 e Perplexity

A revolução dos grandes modelos de linguagem transformou fundamentalmente como interagimos com informação e conhecimento. Cada um dos principais players neste espaço desenvolveu filosofias distintas e capacidades especializadas que os tornam adequados para diferentes tipos de tarefas e organizações. Compreender estas nuances é essencial para escolher as ferramentas certas para necessidades específicas.

ChatGPT: O Primeiro Contato com a Inteligência Colaborativa

Quando o ChatGPT foi lançado em novembro de 2022, eu estava dando uma palestra para executivos sobre transformação digital. Lembro que pausei minha apresentação e disse: "Vocês estão vendo história sendo feita. Daqui a dez anos, vamos lembrar deste momento como o dia em que a humanidade ganhou seu primeiro parceiro intelectual artificial."

Na época, alguns riram. Hoje, ninguém mais ri.

O ChatGPT fez algo que nenhuma tecnologia havia feito antes: democratizou o acesso à inteligência artificial conversacional. Não era mais necessário ser programador ou cientista de dados para interagir com IA. Qualquer pessoa podia simplesmente... conversar.

Mas aqui está o que muitos não perceberam inicialmente: o ChatGPT não é apenas um respondedor de perguntas sofisticado. É um amplificador de pensamento. Quando você formula uma pergunta para ele, você está forçando seu próprio cérebro a organizar e articular suas ideias. Quando ele responde, você processa não apenas a informação, mas os padrões de raciocínio que levaram àquela resposta. É um ciclo de feedback intelectual que torna você mais inteligente no processo.

Pense numa sessão de brainstorming de alta qualidade. Você sabe como sair delas com ideias que nunca teria tido sozinho? O ChatGPT faz isso, mas está disponível 24 horas por dia, 7 dias por semana, com acesso a praticamente todo o conhecimento humano documentado.

Nas minhas consultorias, ensino os clientes a usar o ChatGPT não como uma ferramenta de automação, mas como um parceiro de pensamento. "Não peça para ele fazer o trabalho por você", costumo dizer. "Peça para ele pensar com você." A diferença é sutil, mas revolucionária.

Por exemplo, em vez de pedir "Escreva um plano de marketing para meu produto", tente: "Sou o fundador de uma startup de tecnologia sustentável. Nosso produto reduz o consumo de energia em 30%, mas estamos lutando para comunicar isso de forma que ressoe emocionalmente com os consumidores. Me ajuda a pensar em abordagens que conectem sustentabilidade com benefícios pessoais tangíveis?"

Viu a diferença? No primeiro caso, você está pedindo para a IA trabalhar por você. No segundo, você está convidando-a para pensar com você. O resultado não é apenas um plano melhor – é um você mais inteligente.

A série GPT-4 mantém liderança por meio de combinação de performance técnica sólida e ecossistema de desenvolvedores mais maduro da indústria. A GPT-4.1 com janelas de contexto de um milhão de tokens compete diretamente com Gemini, enquanto o GPT-4 oferece capacidades multimodais robustas para aplicações diversificadas.

A maior vantagem do GPT-4 reside na consistência de performance mediante tarefas extremamente diversificadas. Enquanto outros modelos podem excel em domínios específicos, o GPT-4 mantém qualidade alta e previsível independentemente da aplicação, tornando-se escolha confiável para organizações que precisam de ferramenta versátil para múltiplos casos de uso.

O ecossistema de desenvolvedores e integrações de terceiros do GPT-4 é incomparável, com milhares de aplicações especializadas construídas sobre a plataforma. Esta riqueza de integrações significa que organizações podem implementar soluções sofisticadas sem desenvolvimento personalizado extensivo, acelerando time-to-value significativamente.

Para geração de conteúdo de marketing, o GPT-4 oferece qualidade consistente em copy publicitário, posts de blog e material promocional. A integração com DALL-E permite a geração coordenada de texto e imagens, criando campanhas visuais coesas com mínimo esforço manual. Capacidades de atendimento ao cliente por meio de chatbots inteligentes são particularmente maduras, com numerosos casos de implementação bem-sucedida em organizações de todos os tamanhos.

Anthropic Claude: A Excelência Ética em Raciocínio

O Claude representa uma abordagem fundamentalmente diferente ao desenvolvimento de IA, priorizando segurança e alinhamento ético desde o design fundamental do sistema. Esta não é simplesmente uma camada de safety adicionada posteriormente, mas uma arquitetura constitucional que permeia todos os aspectos do funcionamento do modelo.

O Claude 4 Sonnet estabelece novos padrões em capacidades de coding com 64% de taxa de sucesso em tarefas altamente complexas, enquanto o Claude 3.7 Sonnet introduz o conceito revolucionário de raciocínio híbrido com processo de pensamento visível. Esta transparência no raciocínio é particularmente valiosa para aplicações empresariais onde auditabilidade e explicabilidade são críticas.

A abordagem Constitutional AI significa que o Claude não apenas aprende a executar tarefas, mas desenvolve princípios éticos internalizados que guiam suas decisões. Em contextos de marketing, isso se traduz em geração de conteúdo que naturalmente evita linguagem problemática, respeita sensibilidades culturais e mantém tom apropriado para diferentes audiências sem necessidade de supervisão constante.

Para a criação de conteúdo empresarial, o Claude demonstra capacidade superior em manter voz de marca consistente através de diferentes formatos e canais. Posts de blog, copy de marketing e conteúdo para redes sociais mantêm tom natural e nuanceado que frequentemente é indistinguível de escrita humana de alta qualidade. A capacidade de desenvolvimento de código permite automação de tarefas de marketing que requerem integração técnica, como atualizações de aplicações legadas e criação de testes automatizados.

A análise de documentos do Claude é particularmente impressionante para organizações que lidam com volumes substanciais de documentação complexa. Revisão de documentos legais, contratos de parceria, relatórios financeiros, e estudos de mercado são processados com precisão e insights que rivalizam com análise humana especializada. Esta capacidade é especialmente valiosa para due diligence em fusões e aquisições, compliance regulatório, e análise de competitive intelligence.

Gemini: Quando a IA Ganha Múltiplos Sentidos

Se o ChatGPT nos ensinou a conversar com IA, o Gemini nos ensinou algo ainda mais fascinante: como pensar multimodalmente. É a diferença entre ter um colega inteligente que só pode processar texto e ter um parceiro que pode ver, ouvir, ler e analisar dados simultaneamente.

Lembro de uma situação que isso ficou cristalino. Estava trabalhando com uma cliente do varejo que tinha dados de vendas mostrando uma queda inexplicável em determinado produto. Planilhas, gráficos, relatórios – nada revelava o padrão. Então, fotografei o layout da loja e pedi para o Gemini analisar junto com os dados de vendas.

Em segundos, ele identificou que o produto estava posicionado numa área de sombra natural que mudava conforme a estação do ano. Algo que humanos não conseguiriam perceber sem análise muito deliberada, o Gemini captou instantaneamente porque podia "ver" e analisar simultaneamente.

Essa capacidade multimodal não é apenas conveniente – ela espelha como nosso cérebro realmente funciona. Nós não processamos informação em silos. Vemos, ouvimos, lembramos, sentimos e analisamos tudo ao mesmo tempo. O Gemini começa a se aproximar dessa forma natural de cognição.

A integração com o ecossistema Google adiciona outra dimensão. Quando o Gemini pode acessar seus documentos, e-mails e planilhas, ele não está apenas respondendo a perguntas genéricas – está pensando com base no seu contexto específico. É como ter um assistente que conhece profundamente sua empresa, seus projetos e seus desafios.

O Gemini representa a aposta do Google em arquitetura multimodal nativa construída desde o fundamento para processar texto, imagem, áudio e vídeo de forma integrada. Esta não é simplesmente uma combinação de modelos especializados, mas um sistema unificado que compreende e gera conteúdo por meio de modalidades múltiplas simultaneamente.

O Gemini 2.5 Pro introduz o modo Deep Think para raciocínio aprimorado em problemas complexos, enquanto o Gemini 2.5 Flash é otimizado para velocidade e eficiência em aplicações que requerem resposta rápida. A liderança em janela de contexto com capacidade de processar mais de um milhão de tokens permite análise de datasets inteiros, documentos extremamente longos e conversas estendidas sem perda de contexto.

Para marketing multimodal, esta capacidade se traduz em análise integrada de campanhas que combina performance de texto, efetividade de elementos visuais, e impacto de componentes de áudio. O sistema pode analisar vídeo publicitário para identificar momentos específicos que geram maior engajamento, correlacionar elementos visuais com resposta emocional, e sugerir otimizações que humanos poderiam não perceber.

A integração profunda com Google Workspace e Cloud services cria um ecossistema coeso para organizações que já utilizam ferramentas Google. Análise de dados em Google Sheets se torna conversacional, com capacidade de processar datasets vastos e gerar insights em linguagem natural. Criação de conteúdo para aplicações web e visualizações de dados pode ser gerada dinamicamente baseada em dados reais da organização.

Perplexity AI: Pesquisa em Tempo Real com Verificação de Fontes

O Perplexity representa abordagem única que combina capacidades de grandes modelos de linguagem com acesso em tempo real à informação web atual. Esta combinação cria experiência de pesquisa que vai muito além da busca tradicional, oferecendo análise contextualizada e síntese de informações de múltiplas fontes.

A abordagem agnóstica de modelo permite acesso a diferentes LLMs dependendo da natureza da consulta, otimizando performance para diferentes tipos de pesquisa. Busca em tempo real com fontes citadas proporciona transparência crítica para tomada de decisão empresarial, permitindo verificação de informações e rastreamento de origem de insights.

Para pesquisa de mercado, o Perplexity excel proporciona análise competitiva em tempo real, proporcionando insights sobre movimento de concorrentes, tendências emergentes e mudanças regulatórias no momento em que acontecem. Pesquisa de conteúdo para fact-checking e exploração aprofundada de tópicos complexos é significativamente mais eficiente que métodos tradicionais.

Análise financeira através do Perplexity permite pesquisa de ações e inteligência de mercado com dados atualizados e análise contextualizada que combina informações de múltiplas fontes especializadas. Due diligence para pesquisa de empresas e verificação de antecedentes se torna processo sistematizado que anteriormente exigia investigação manual extensa.

Microsoft Copilot: A IA que Vive na sua Rotina

O Copilot representa uma filosofia diferente de IA. Em vez de ser uma ferramenta que você visita, é uma inteligência que habita suas ferramentas de trabalho existentes. É como se seus programas familiares – Word, Excel, PowerPoint – tivessem desenvolvido superinteligência muito rapidamente.

Essa integração profunda cria algo que chamo de "fluxo cognitivo expandido". Você não precisa mais parar seu trabalho para pedir ajuda à IA. A IA simplesmente... está lá, observando, aprendendo, oferecendo insights no momento exato em que você precisa.

Um exemplo prático: estou escrevendo um relatório no Word sobre tendências de sustentabilidade corporativa. O Copilot não apenas sugere frases e parágrafos relevantes, mas pode acessar meus e-mails recentes sobre o tópico, dados de uma planilha relacionada, e até mesmo slides de uma apresentação que fiz no mês passado. É uma forma de trabalhar onde o contexto nunca se perde, onde cada insight construído se conecta com todos os outros.

O que mais me impressiona no Copilot é como ele transforma a curva de aprendizado de software complexo. Excel sempre foi poderoso, mas intimidante para muitos. Agora, você pode simplesmente dizer "analise estes dados de vendas e me mostre quais produtos têm melhor margem por região", e o Copilot criará as tabelas dinâmicas, gráficos e análises automaticamente.

Não é apenas automação – é democratização de capacidades avançadas.

Quando a Microsoft lançou o Copilot, não estava simplesmente adicionando mais uma ferramenta de IA ao mercado saturado. Estava reimaginando fundamentalmente o que significa trabalhar com inteligência artificial em um ambiente empresarial. O Copilot representa uma mudança paradigmática na produtividade empresarial, operando como um motor de orquestração sofisticado que combina modelos de linguagem avançados com o Microsoft Graph para acesso contextual a dados organizacionais.

Para compreender o verdadeiro poder do Copilot, imagine um assistente que não apenas conhece as melhores práticas de todas as áreas, mas também tem acesso completo ao histórico da sua empresa, às suas campanhas anteriores, aos dados de performance, e até mesmo às conversas internas que moldaram suas estratégias. Este não é um assistente genérico que oferece conselhos superficiais, mas um parceiro intelectual que compreende profundamente o contexto específico da sua organização.

A arquitetura técnica do Copilot é uma obra-prima de engenharia de sistemas. O sistema processa informações em tempo real através de indexação semântica, criando um mapa mental dinâmico de toda a informação organizacional. Quando você pergunta sobre o desempenho de uma campanha específica, o Copilot não apenas acessa os dados de analytics, mas correlaciona essas informações com emails relevantes, documentos de estratégia, apresentações de resultados e até mesmo transcrições de reuniões onde a campanha foi discutida.

As atualizações mais recentes introduziram recursos que elevam o Copilot de um assistente para um verdadeiro parceiro estratégico. O Copilot Pages permite colaboração em projetos de IA onde múltiplos usuários podem trabalhar simultaneamente com a inteligência artificial, criando documentos vivos que evoluem com contribuições tanto humanas quanto algorítmicas. Os agentes especializados trazem capacidades de raciocínio complexo para domínios específicos, enquanto a loja de agentes oferece mais de setenta soluções prontas para diferentes indústrias e funções.

Mas onde o Copilot verdadeiramente brilha é na sua capacidade de orquestração multi-agente para fluxos de trabalho complexos. Imagine uma campanha de lançamento de produto onde o sistema automaticamente gera briefings criativos baseados em dados de pesquisa de mercado, coordena a criação de assets visuais, programa posts em redes sociais, monitora métricas de performance em tempo real, e ajusta automaticamente a estratégia baseada nos resultados emergentes. Tudo isso acontece de forma integrada, sem a necessidade de alternar entre diferentes ferramentas ou perder contexto.

A integração com voz e capacidades móveis expandidas tornam o Copilot verdadeiramente ubíquo no ambiente de trabalho moderno. Você pode estar caminhando para uma reunião e perguntar sobre o status de uma campanha, receber um briefing completo por áudio, e até mesmo autorizar ajustes de orçamento através de comandos de voz. Esta fluidez entre diferentes modalidades de interação representa uma evolução fundamental na forma como interagimos com sistemas de informação empresarial.

Para equipes de marketing, o Copilot se torna um multiplicador de força exponencial. Na criação de conteúdo e gestão de campanhas, o sistema não apenas gera posts para redes sociais ou sequências de email, mas mantém consistência absoluta da voz da marca por meio de todos os touchpoints. Ele analisa métricas de performance histórica para sugerir otimizações baseadas em padrões que seriam invisíveis para análise humana, e pode até mesmo prever quais tipos de conteúdo terão melhor performance baseado em tendências emergentes nos dados.

Na geração de leads e desenvolvimento de insights de clientes, o Copilot opera como um analista sênior disponível vinte e quatro horas por dia. O sistema qualifica leads automaticamente usando não apenas dados básicos do CRM, mas correlacionando informações de múltiplas fontes para criar perfis tridimensionais de prospects. Ele analisa tendências de mercado e inteligência competitiva em tempo real, desenvolve personas detalhadas que evoluem com novos dados, e rastreia efetividade de campanhas com análise de ROI que vai muito além de métricas superficiais.

O verdadeiro diferencial do Microsoft Copilot está na sua integração nativa profunda com o ecossistema Microsoft 365. Enquanto outros assistentes de IA operam como ilhas isoladas que requerem constante importação e exportação de dados, o Copilot tem acesso direto e seguro a toda a informação organizacional. Esta integração elimina mudanças de contexto e mantém fluxos de trabalho familiares, criando uma experiência seamless que amplifica produtividade sem introduzir complexidade adicional.

A inteligência contextual empresarial proporcionada pelo Microsoft Graph é talvez a característica mais revolucionária do sistema. O Copilot não apenas processa documentos isolados, mas compreende relacionamentos complexos entre pessoas, projetos, cronogramas e objetivos organizacionais. Quando você solicita um relatório de performance de campanha, o sistema pode automaticamente incluir insights sobre como os resultados se relacionam com objetivos trimestrais, identificar stakeholders relevantes que devem receber atualizações, e até mesmo sugerir próximos passos baseados em iniciativas relacionadas que estão em andamento.

A capacidade de automação de fluxo de trabalho permite ações simultâneas em múltiplas aplicações Microsoft, criando experiências verdadeiramente orquestradas. Por exemplo, ao finalizar uma apresentação de resultados de campanha, o Copilot pode automaticamente agendar reunião de follow-up com stakeholders relevantes, criar tarefas específicas no Planner baseadas nas recomendações da apresentação, atualizar documentos de estratégia relacionados, e enviar sumários personalizados para diferentes audiências.

A arquitetura de integração do Copilot suporta conectores personalizados que permitem integração com sistemas empresariais externos por meio de APIs REST, proporcionando acesso a dados em tempo real de aplicações críticas para o negócio. Conectores disponíveis incluem integração profunda com Salesforce para análise de pipeline de vendas, ServiceNow para gestão de incidentes de campanha, Zendesk para feedback de clientes, e dezenas de outras plataformas empresariais essenciais.

O Copilot Studio representa uma evolução natural desta arquitetura, oferecendo desenvolvimento de agentes especializados com baixo código. Imagine criar um agente específico para gestão de influenciadores que combina dados de performance de campanhas anteriores com análise de sentimento em tempo real de redes sociais, ou um agente de otimização de SEO que monitora mudanças de algoritmo e ajusta estratégias de conteúdo automaticamente.

Entretanto, como qualquer ferramenta poderosa, o Copilot vem com limitações e considerações importantes. As limitações técnicas incluem risco ocasional de alucinação em conteúdo gerado, especialmente quando lidando com dados complexos ou instruções ambíguas. A qualidade dos outputs depende significativamente da qualidade dos dados organizacionais e da sofisticação das perguntas formuladas, exigindo que usuários desenvolvam competências em engenharia de prompts.

As restrições funcionais também merecem atenção cuidadosa. O sistema funciona perfeitamente com arquivos armazenados no OneDrive, tem melhor performance em inglês com capacidades multilíngues ainda em desenvolvimento, e algumas operações complexas podem exigir mais tempo do que processos manuais tradicionais para casos específicos.

As considerações éticas são particularmente críticas em ambiente empresarial. Organizações precisam estabelecer políticas claras sobre uso apropriado de IA, implementar gerenciamento robusto de permissões para prevenir compartilhamento inadequado de informações sensíveis, e manter sistemas abrangentes de logging e monitoramento para compliance regulatório. Questões sobre residência e soberania de dados também se tornam mais complexas quando IA processa informações empresariais críticas.

O retorno sobre investimento do Copilot tem se mostrado extraordinário para organizações que implementam a ferramenta estrategicamente. Análises independentes demonstram ROI variando de 132% a 353% ao longo de três anos para pequenas e médias empresas, enquanto organizações maiores relatam retornos ainda mais substanciais. Mais importante que números absolutos são os resultados organizacionais qualitativos: 9,4% de aumento na receita por vendedor entre usuários intensivos, 20% de melhoria nas taxas de fechamento de negócios, e melhorias dramáticas na qualidade do pipeline e velocidade de negócios.

Usuários empresariais consistentemente relatam métricas de produtividade impressionantes: economia de uma a três horas por dia em tarefas administrativas, 50% de redução no tempo de criação de documentos complexos, processamento de inbox em minutos ao invés de horas, e 30% de redução no tempo necessário para follow-up efetivo de reuniões. Estes ganhos se acumulam exponencialmente através da organização, criando vantagens competitivas sustentáveis.

Browse.ai: A Democratização da Inteligência Competitiva

Em um mundo onde informação é poder, a capacidade de coletar, processar e analisar dados web de forma sistemática representa uma vantagem competitiva fundamental. O Browse.ai não é apenas mais uma ferramenta de web scraping; é uma plataforma que democratiza radicalmente a inteligência competitiva, colocando capacidades antes exclusivas de grandes corporações e agências especializadas nas mãos de qualquer profissional de marketing.

A revolução do Browse.ai começa com uma premissa simples, mas profunda: se os dados estão disponíveis publicamente na web, você deveria ter acesso a eles de forma estruturada e automatizada, independentemente de suas habilidades técnicas. A plataforma utiliza uma abordagem no-code que permite criar "robôs" inteligentes para scraping, monitoramento e automação sem escrever uma única linha de código.

O diferencial técnico mais impressionante do Browse.ai está na sua adaptação alimentada por IA. Enquanto scrapers tradicionais quebram com qualquer mudança no layout de um website, o Browse.ai usa centenas de seletores dinâmicos que se adaptam automaticamente a modificações estruturais. Imagine monitorar preços de concorrentes e descobrir que o site foi completamente redesenhado durante a noite. Com ferramentas tradicionais, você perderia dias reconfigurando scrapers. Com o Browse.ai, o sistema adapta automaticamente, mantendo coleta de dados ininterrupta.

Esta inteligência adaptativa se estende ao manejo de conteúdo dinâmico. A plataforma gerencia automaticamente websites pesados em JavaScript, scroll infinito e paginação complexa, elementos que tradicionalmente tornam web scraping uma disciplina altamente técnica. O sistema pode acessar dados protegidos por login usando compartilhamento seguro de cookies ou credenciais criptografadas, abrindo acesso a informações que antes exigiriam processos manuais complexos.

O monitoramento em tempo real representa talvez a aplicação mais poderosa do Browse.ai para profissionais de marketing. Imagine configurar alertas automáticos que notificam instantaneamente quando um concorrente lança novo produto, altera preços, atualiza políticas, ou modifica estratégias de comunicação. Este nível de vigilância competitiva era anteriormente possível apenas para organizações com recursos substanciais dedicados a inteligência de mercado.

Para pesquisa de mercado, o Browse.ai transforma tarefas que levariam semanas em processos automatizados que executam continuamente. Monitoramento de preços de concorrentes por meio de múltiplas plataformas de e-commerce se torna tão simples quanto configurar uma vez e receber relatórios regulares. Rastreamento de catálogos de produtos para identificar mudanças de inventário e lançamentos permite antecipar movimentos competitivos antes que se tornem visíveis por meio de canais tradicionais.

A agregação de avaliações de clientes de múltiplas plataformas cria uma visão abrangente de percepção de marca que vai muito além de monitoramento de redes sociais. O sistema pode identificar tendências emergentes por meio de análise de palavras-chave em tempo real, proporcionando insights sobre mudanças de preferência de consumidores antes que se reflitam em dados de vendas tradicionais.

Na inteligência competitiva, o Browse.ai opera como um analista dedicado que nunca dorme. Monitoramento de mudanças em websites de concorrentes revela modificações em estratégias de produto, posicionamento de marca, e iniciativas de marketing. Rastreamento de atividade em redes sociais e métricas de engajamento proporciona insights sobre efetividade de campanhas competitivas em tempo real.

Uma aplicação particularmente sofisticada envolve análise de padrões de contratação por meio de monitoramento de postagens de emprego. Mudanças nos tipos de posições que concorrentes estão recrutando podem indicar expansões planejadas, pivots estratégicos, ou investimentos em novas capacidades. Esta inteligência permite antecipar movimentos competitivos meses antes que se tornem públicos por meio de canais oficiais.

Para business intelligence mais amplo, o Browse.ai automatiza geração de leads por meio de extração sistemática de informações de contato de diretórios empresariais, associações industriais, e websites corporativos. Monitoramento de dados imobiliários para preços e tendências de mercado pode informar decisões sobre localização de escritórios ou expansão geográfica. Coleta automatizada de dados financeiros e notícias de mercado cria feeds personalizados de informação relevante para seu setor específico.

A integração do Browse.ai com outras ferramentas multiplica exponencialmente seu valor. Através da integração Zapier com mais de sete mil aplicações, workflows automatizados podem acionar ações em outras ferramentas quando extração de dados específicos é completada. Imagine dados de monitoramento competitivo automaticamente alimentando atualizações em seu CRM, criando tarefas em sistemas de gestão de projeto, ou enviando alertas personalizados através de Slack, ou Teams quando mudanças críticas são detectadas.

A API RESTful robusta permite integrações personalizadas para organizações com necessidades específicas. Suporte a webhooks facilita push de dados em tempo real para sistemas empresariais, enquanto operações em lote permitem extração e monitoramento em larga escala. Implementações seguras usando autenticação de chave API e OAuth garantem que dados sensíveis permaneçam protegidos.

O impacto no ROI é particularmente dramático para organizações que anteriormente dependiam de coleta manual de dados ou serviços caros de inteligência de mercado. Usuários consistentemente relatam economia de quarenta a sessenta horas por mês em coleta manual de dados, eliminação da necessidade de analistas dedicados ou desenvolvimento custoso de scrapers personalizados, e capacidade de gerenciar mil vezes mais pontos de dados que processos manuais permitiriam.

Mais importante que economia de tempo é a qualidade superior de dados. Eliminação de 95% do erro humano típico em coleta manual de dados significa que decisões estratégicas são baseadas em informação mais confiável e abrangente. Deployment de novos sistemas de coleta em minutos versus semanas necessárias para desenvolvimento personalizado permite resposta ágil a mudanças de mercado e oportunidades emergentes.

A Revolução Visual: Midjourney, Runway, Stability AI e Adobe Firefly

A democratização da criação visual por meio de IA representa uma das transformações mais visíveis e impactantes do movimento de IA generativa. Cada ferramenta nesta categoria desenvolveu especialização única que atende a diferentes necessidades criativas e organizacionais.

Midjourney: Onde Arte Encontra Algoritmo

O Midjourney transcendeu suas origens como ferramenta experimental para se tornar padrão de facto para criação visual de alta qualidade artística. A versão 6.1 oferece geração 25% mais rápida com melhorias substanciais em coerência e detalhamento, enquanto a próxima versão 7 promete avanços revolucionários em tratamento de referência de personagens e personalização.

O que distingue o Midjourney não é simplesmente qualidade técnica, mas sensibilidade estética inata que parece compreender princípios fundamentais de composição, teoria das cores, e apelo visual. Esta compreensão intuitiva de estética resulta em imagens que não apenas são tecnicamente corretas, mas genuinamente envolventes e visualmente impactantes.

Para marketing, esta capacidade se traduz em criação de conteúdo para redes sociais que naturalmente atrai atenção em feeds saturados. Visuais publicitários gerados através do Midjourney frequentemente superam conteúdo criado por meio de métodos tradicionais em métricas de engajamento, parcialmente porque a IA foi treinada no conteúdo visualmente mais atraente disponível.

Design de produto e visualização de conceitos se beneficiam particularmente da capacidade do Midjourney de interpretar descrições abstratas e materializar visões criativas que podem ser difíceis de comunicar por meio de métodos tradicionais. Design de embalagens, conceitos de logomarca e exploração de identidade visual podem ser iterados rapidamente, permitindo experimentação criativa que seria proibitivamente cara por meio de métodos convencionais.

A comunidade vibrante do Midjourney criou biblioteca extensa de técnicas de prompt e estilos que acelera curva de aprendizado para novos usuários. Esta base de conhecimento coletiva significa que técnicas avançadas desenvolvidas por artistas experientes ficam rapidamente disponíveis para comunidade mais ampla, democratizando acesso à expertise criativa de alto nível.

Runway ML: Democratizando Produção Cinematográfica

O Runway ML está redefinindo os limites do que é possível em criação de vídeo, oferecendo ferramentas que anteriormente eram exclusivas de estúdios de cinema com orçamentos de milhões de dólares. O Gen-4, lançado em março de 2025, representa avanço revolucionário em geração consistente de personagens e objetos, enquanto o Gen-3 Alpha Turbo oferece velocidade e eficiência de custo para produção em volume.

As parcerias industriais com Lionsgate e Getty Images demonstram que a ferramenta atingiu qualidade adequada para uso profissional em indústria cinematográfica. Esta validação por players estabelecidos indica que estamos presenciando genuína disrupção em métodos tradicionais de produção de conteúdo audiovisual.

Para marketing, o Runway permite criação de demonstrações de produto que seria impossível ou extremamente cara de produzir por meio de métodos tradicionais. Campanhas publicitárias podem ser conceitualizadas, produzidas e testadas em fração do tempo e custo de produção convencional, permitindo experimentação criativa e iteração rápida baseada em performance real.

O conjunto de ferramentas abrangente do Runway vai além de simples geração de vídeo, oferecendo capacidades de edição, efeitos especiais, e pós-produção que integram harmoniosamente com fluxos de trabalho de produção estabelecidos. Esta integração significa que a ferramenta pode ser incorporada gradualmente em processos existentes sem necessidade de reestruturação completa de workflows.

Stability AI: Flexibilidade Open-Source e Personalização

O Stable Diffusion 3.5 com suas três variantes oferece flexibilidade incomparável para organizações que precisam de controle detalhado sobre processo de geração de imagens. O modelo open-source permite personalização e fine-tuning que ferramentas proprietárias não podem igualar, enquanto mantém eficiência de custo para geração de alto volume.

Esta flexibilidade é particularmente valiosa para organizações com necessidades visuais específicas que requerem consistência de estilo, aderência a diretrizes de marca rigorosas, ou geração de conteúdo para nichos especializados. A capacidade de treinar modelos customizados usando datasets proprietários significa que organizações podem desenvolver capacidades visuais verdadeiramente diferenciadas.

Adobe Firefly: Segurança Comercial e Integração Empresarial

O Firefly Image 3 Model estabelece novo padrão para qualidade fotorrealística, enquanto o Firefly Video Model representa primeiro modelo de geração de vídeo comercialmente seguro da indústria. Esta segurança comercial é crítica para organizações que não podem assumir riscos de propriedade intelectual associados com conteúdo gerado usando modelos treinados em dados protegidos por copyright.

A integração harmoniosa com Creative Cloud significa que o Firefly pode ser incorporado em fluxos de trabalho profissionais estabelecidos sem disrupção. Designers podem acessar capacidades de IA diretamente dentro de ferramentas familiares como Photoshop e Illustrator, mantendo eficiência enquanto amplificam possibilidades criativas.

Recursos empresariais incluem governança avançada, ferramentas de compliance, e proveniência de conteúdo com verificação de autenticidade integrada. Estas capacidades são essenciais para organizações que operam em indústrias regulamentadas ou que precisam manter trilhas de auditoria detalhadas para conteúdo criativo.

Assistentes de Escrita Especializados: Jasper, Copy.ai, Grammarly e Notion AI

A categoria de assistentes de escrita evoluiu muito além de simples correção gramatical para se tornar parceiros criativos sofisticados que compreendem nuances de tom, audiência, e objetivos de comunicação.

Jasper AI: Conteúdo Empresarial em Escala

O Jasper utiliza abordagem multi-modelo estratégica que combina GPT-4, Anthropic Claude, PaLM2 e modelos proprietários para otimizar performance para diferentes tipos de conteúdo. Esta diversificação de modelos subjacentes permite que a ferramenta ofereça qualidade superior em ampla gama de aplicações de escrita.

A excelência em conteúdo longo distingue o Jasper para organizações que precisam produzir posts de blog substanciais, whitepapers técnicos, case studies detalhados, e documentação complexa. A ferramenta mantém consistência de tom e messaging através de documentos longos, desafio que muitas ferramentas de IA ainda enfrentam.

Análise de voz da marca por meio de upload de PDFs e URLs permite que o Jasper aprenda guias de estilo específicos da organização e replique tom distintivo em todo conteúdo gerado. Esta capacidade é crítica para organizações com vozes de marca estabelecidas que não podem comprometer consistência por eficiência.

Integração de base de conhecimento com fatos da empresa e catálogos de produto significa que conteúdo gerado é automaticamente informado por informações atuais e precisas da organização. Esta integração elimina necessidade de fact-checking manual extensivo que tradicionalmente desacelera processos de produção de conteúdo.

Copy.ai: Plataforma GTM AI para Operações de Receita

O Copy.ai pivotou estrategicamente de ferramenta de copywriting para primeira plataforma GTM AI abrangente para operações de receita. Esta evolução reflete compreensão de que marketing moderno requer abordagem integrada que conecta criação, distribuição, e otimização de conteúdo.

A automação de workflow para vendas, marketing e sucesso do cliente permite orquestração de campanhas complexas que anteriormente requeriam coordenação manual entre múltiplas equipes e ferramentas. O sistema pode automaticamente ajustar messaging baseado em estágio da jornada do cliente, métricas de performance, e feedback em tempo real.

Acesso multi-LLM com GPT-4 e Claude 3 significa que diferentes tipos de conteúdo podem ser otimizados usando modelo mais apropriado para tarefa específica. Esta flexibilidade permite fine-tuning de performance sem comprometer a integração geral da plataforma.

Grammarly AI: Comunicação Aprimorada Universalmente

Com mais de catorze anos de experiência em assistência de escrita por IA, o Grammarly desenvolveu compreensão profunda de nuances de comunicação efetiva que vai muito além de simples correção gramatical. Recursos de IA generativo incluem reescritas de frases completas que melhoram clareza, tom, e impacto de messaging.

Suporte multiplataforma que funciona em 500.000 apps e websites significa que assistência de escrita está disponível onde quer que a comunicação aconteça, eliminando necessidade de copy-paste entre ferramentas ou comprometimento de qualidade de escrita em diferentes contextos.

Para organizações, a consistência de voz da marca por meio de guias de estilo customizados garante que todas as comunicações de funcionários se alinhem com padrões de marca estabelecidos, independentemente de níveis individuais de habilidade de escrita. Esta capacidade é particularmente valiosa para comunicações voltadas ao cliente, onde consistência de marca é crítica.

Notion AI: Integração Harmoniosa de Workspace

O Notion AI oferece assistente IA integrado construído diretamente no workspace Notion, proporcionando geração consciente de contexto que usa conteúdo de página e conhecimento do workspace para respostas informadas. Esta integração significa que a assistência IA é sempre informada por contexto organizacional relevante.

Geração multi-formato para texto, tabelas e resumos permite a criação de diversos tipos de conteúdo sem alternar entre diferentes ferramentas ou perder contexto. Análise de arquivo para PDFs e imagens estende capacidades IA para processamento de conteúdo organizacional existente.

Ferramentas de Desenvolvimento

GitHub Copilot, Replit, Cursor, V0 e Figma AI

A democratização do desenvolvimento por meio de ferramentas IA está habilitando equipes de marketing para criar soluções técnicas sofisticadas sem expertise profunda em programação.

GitHub Copilot: Assistente de Código Líder da Indústria

O GitHub Copilot estabeleceu novo padrão para desenvolvimento assistido por IA com sugestões de completamento de código que variam de funções individuais para features inteiras. Treinamento em todos os repositórios públicos significa que sugestões são informadas por melhores práticas da indústria e padrões comprovados.

Para equipes de marketing tech, isto se traduz em capacidade de criar scripts de automação para lead scoring, gestão de campanha e análise de dados sem background extensivo em programação. Criação de dashboards customizados, ferramentas de integração e frameworks de teste se torna acessível para uma gama mais ampla de membros da equipe.

Replit AI: Desenvolvimento Full-Stack Sem Configuração

O Replit oferece ambiente de desenvolvimento completo acessível por meio de browser sem requisitos de configuração local. Replit Agent representa avanço significativo em capacidades de coding autônomo, construindo aproximadamente 90% da estrutura de código fundamental para muitas aplicações.

Capacidades de prototipagem rápida permitem equipes de marketing testar rapidamente ideias para ferramentas customizadas, landing pages e sistemas de automação. Tempo de conceito para protótipo funcionando pode ser reduzido de semanas para horas, habilitando abordagem muito mais experimental para tecnologia de marketing.

V0 by Vercel: Geração Especializada de Componentes UI

O V0 especializa em geração de componentes React de descrições em linguagem natural, tornando desenvolvimento web moderno acessível para não-programadores. Integração com Next.js e Tailwind CSS garante que componentes gerados sigam as melhores práticas atuais para performance e maintainability.

Para aplicações de marketing, isto habilita a criação rápida de landing pages, interfaces de teste A/B, formulários customizados, e showcases de produto sem exigir recursos de desenvolvedor dedicados. Conversão de designs Figma para código funcionando acelera dramaticamente a implementação de conceitos de design.

Figma AI: Inteligência Visual para Design

O Figma AI integra inteligência visual diretamente no workflow de design, oferecendo busca visual que encontra designs similares usando input de imagem, geração automática de conteúdo para copy e imagens realistas, e automação de prototype que converte designs estáticos para prototypes interativos.

Gestão de layer com naming e organização automática reduzem aspectos tediosos do trabalho de design, permitindo designers focar em tomada de decisão criativa ao invés de gestão de arquivo. Esta automação é particularmente valiosa para sistemas de design grandes onde consistência e organização são críticas.

Estratégias de Implementação e Considerações Futuras

A implementação bem-sucedida de ferramentas IA requer abordagem estratégica que considera cultura organizacional, workflows existentes, e objetivos de longo prazo ao invés de simplesmente adotar tecnologias mais recentes.

Para equipes de marketing empresarial com 100 funcionários ou mais, a recomendação é combinação de Microsoft Copilot para integração de produtividade, Adobe Firefly para geração criativa comercialmente segura e Jasper AI para criação de conteúdo em escala empresarial. Esta combinação proporciona integração profunda com workflows existentes enquanto garante requisitos de compliance e escalabilidade.

Para equipes de médio porte de 10 a 50 funcionários, Copy.ai combinado com Perplexity AI para pesquisa em tempo real e Midjourney para criação visual oferece equilíbrio de capacidade, eficiência de custo e facilidade de implementação. Esta abordagem proporciona cobertura abrangente de necessidades de marketing sem complexidade excessiva.

Para pequenos negócios e startups com 5 a 15 funcionários, Canva AI combinado com Grammarly para melhoria universal de comunicação e Browse.ai para automação de inteligência competitiva oferece impacto máximo para investimento mínimo em treinamento e implementação.

O futuro das ferramentas IA está evoluindo rapidamente em direção a agentes autônomos que executam tarefas complexas independentemente, integração multimodal nativa que combina harmoniosamente capacidades de texto, imagem, e vídeo, personalização específica de marca por meio de modelos customizados treinados em dados organizacionais, e workflows de colaboração humano-IA otimizados que amplificam ao invés de substituir criatividade humana.

Fatores críticos de sucesso para implementação IA incluem começar com projetos piloto para avaliar ROI antes de deployment amplo, treinar equipes em técnicas de engenharia de prompt para maximizar efetividade de ferramentas, estabelecer governança ao redor de diretrizes de marca e padrões de qualidade, monitorar desenvolvimentos legais que podem impactar uso de IA, e medir performance contra processos tradicionais para demonstrar valor.

Um insight chave para organizações considerando adoção IA é que estas ferramentas funcionam melhor em combinação ao invés de isolamento. Implementações mais bem-sucedidas criam ecossistema de ferramentas IA complementares que trabalham juntas para amplificar capacidades humanas ao invés de tentar encontrar ferramenta única que handle todas as necessidades.

A transformação que estamos testemunhando não é simplesmente sobre automatizar processos existentes, mas sobre reimaginar o que é possível quando capacidades criativas e analíticas são dramaticamente aprimoradas por meio de parceria IA. Organizações que compreendem esta distinção e implementam ferramentas IA estrategicamente ganharão vantagens competitivas sustentáveis em marketplace cada vez mais orientado por IA.

À medida que estamos no limiar desta nova era, a questão não é se devemos adotar ferramentas IA, mas quão rapidamente e efetivamente organizações podem integrá-las para amplificar potencial humano enquanto mantêm padrões éticos e integridade de marca que definem sucesso sustentável. A revolução já chegou, e aqueles que conseguem abraçá-la estrategicamente estarão moldando o futuro do marketing e dos negócios para as próximas décadas.

6

ÉTICA E COMPLIANCE EM IA

Quando falamos de inteligência artificial aplicada, é muito fácil se deixar seduzir pela capacidade de analisar dados gigantescos, automatizar processos e oferecer personalização intensa aos clientes. Entretanto, ignorar o lado ético e as implicações de compliance é como construir um castelo sobre a areia: cedo ou tarde, a base frágil acaba ruindo. Se os negócios do futuro são pautados por dados e algoritmos, precisamos olhar além das taxas de conversão e ROI. Precisamos de um olhar profundo sobre privacidade, transparência, viés, responsabilidade e equidade.

Privacidade de Dados: Muito Além da Legislação

Quando alguém fala em privacidade, muitos pensam imediatamente em regulamentos como GDPR (Europa) ou LGPD (Brasil). É um começo, mas a proteção de dados deveria ser encarada como princípio fundamental de relacionamento com o consumidor – um compromisso genuíno que vai além de meras obrigações legais.

Consentimento e Clareza

Se estamos coletando informações em cada clique, cada formulário preenchido ou cada cadastro de newsletter, devemos deixar claro o porquê. O que faremos com esses dados? Como iremos tratá-los?

Mesmo que a lei não exija detalhamento exaustivo, a transparência conquista credibilidade. Em vez de esconder cláusulas em letras miúdas, por que não ser didático? "Ei, coletamos estes dados para lhe oferecer recomendações certeiras e, prometemos, não compartilhamos com terceiros sem sua permissão."

Segurança e Armazenamento

Não é raro que empresas subestimem a relevância de uma infraestrutura robusta para guardar dados coletados de forma tão intensa. Se esses dados escapam (seja por ataques cibernéticos ou falhas internas), a confiança do consumidor se despedaça. Assim, ter protocolos de segurança digitais não é capricho, mas coluna vertebral do marketing data-driven.

Viés Algorítmico: Garantindo Equidade

Um dos aspectos menos discutidos, mas de grande potencial danoso, é o **viés algorítmico**. Modelos de IA aprendem com dados históricos; se houver preconceitos ou distorções nesses dados, o algoritmo as reproduzirá – e até as intensificará.

Por que Acontece?

Os dados utilizados são reflexos de um mundo imperfeito, com discriminações de gênero, raça, idade e outras características. Um modelo de precificação ou oferta personalizada pode, sem querer, passar a cobrar mais caro de certos grupos minoritários, simplesmente porque identificou padrões passados.

Como Evitar?

- **Auditorias de Dados:** Examinar periodicamente as bases de informação para remover (ou ajustar) amostras distorcidas.

- **Equipes Diversas:** Contar com desenvolvedores, cientistas de dados e gestores de marketing de backgrounds variados ajuda a identificar preconceitos.

- **Ferramentas de Detecção de Viés:** Já há soluções tecnológicas que sinalizam quando um modelo começa a agir de forma discriminatória. Integrar essas ferramentas ao pipeline de desenvolvimento é uma precaução essencial.

Transparência nas Decisões Automatizadas

Quando algoritmos decidem preço, definem ofertas ou escolhem anúncios para cada pessoa, o consumidor muitas vezes fica no escuro, sem entender por que recebeu aquela promoção e seu amigo não.

Explicabilidade e Justificativas

Algumas empresas adotam modelos de IA "caixa-preta". Isso pode ser perigoso. Se o público descobre que um sistema faz ofertas inconsistentes e não há como justificar, a marca sofre um abalo de confiança. A boa notícia é que campos como XAI (Explainable AI) buscam métodos e ferramentas para dar visibilidade às variáveis que influenciaram a decisão do algoritmo.

Exemplo Narrativo

Imagine um e-commerce que personaliza preços dinamicamente. Se um consumidor descobre que está pagando mais caro apenas porque mora em um bairro "rico", como evitar uma sensação de injustiça? Ter uma política de transparência, explicando os fatores que compõem a precificação e assegurando igualdade de oportunidades, pode atenuar polêmicas.

Evitando Percepções Negativas

Mesmo quando a prática não for ilegal ou discriminatória, pode haver rejeição do público se ela parecer invasiva ou manipuladora. O marketing deve sempre se perguntar: "Como o consumidor enxergará essa ação? Sentirá que estamos sendo justos e honestos?"

Diretrizes e Frameworks de IA Responsável

Para não atuar de modo reativo e correr riscos reputacionais, muitas empresas e organizações estabelecem códigos de conduta ou aderem a princípios de IA responsável.

Exemplos de Boas Práticas

- **Google's AI Principles**: Prega benefícios sociais, segurança e privacidade, evitando enviesar ou causar danos.
- **Microsoft AI for Good**: Iniciativa que mistura princípios éticos com projetos de impacto social, onde a IA deve servir para melhorar a vida das pessoas.
- **European Ethical Charter on AI**: Abrange dignidade humana, prevenção de discriminação e robustez técnica.

Adaptação ao Mundo do Marketing

Cada marca pode (e deve) criar sua própria cartilha de AI Marketing Responsible. O documento formaliza quais tipos de dados são coletados, quais não são, como a personalização é aplicada de forma equitativa e como lidar com possíveis denúncias de abusos.

Casos de Uso e Reflexões Práticas

Definição de Preços Personalizados

Um sistema de IA que ajusta preços conforme o comportamento de navegação pode ser muito lucrativo a curto prazo, mas, se o público perceber que existe discriminação injusta – digamos, cobrando mais de quem tem condições melhores ou "enganando" quem não pesquisa tanto —, há risco de crise de reputação.

Ofertas Direcionadas

No marketing, ofertas personalizadas surgem de forma natural. Mas a segmentação precisa ter critérios éticos claros, evitando estereótipos sensíveis ou exclusões indevidas. A marca não quer ser acusada de, por exemplo, oferecer mais crédito a uma etnia ou classe social em detrimento de outra.

Chatbots e Atendimento

Ao tornar o atendimento autônomo, a marca deve manter um ponto de contato humano para casos complexos ou delicados, respeitando leis de proteção ao consumidor. Também cabe comunicar se o cliente está falando com um robô, pois algumas pessoas podem se sentir enganadas ao descobrir tarde.

Protegendo Dados, Confiança e Reputação

No fim das contas, ética e compliance não são somente um "custo". São uma camada de blindagem valiosa que salva a empresa de escândalos, multas e – pior – perda de credibilidade. O marketing está cada vez mais envolvido com tecnologias e métodos analíticos que tocam informações pessoais e decidem experiências sensíveis.

Governança de Dados e Conformidade Legal

Exige-se:

- **Mapeamento de Fluxos de Dados**: Saber por onde cada informação passa, quem tem acesso e para que fim.
- **Políticas de Retenção**: Definir períodos que justifiquem o armazenamento, descartando dados desnecessários.
- **Treinamento da Equipe**: O time de marketing precisa entender aspectos básicos de LGPD/GDPR e privacidade.

Transparência e Mecanismos de Reclamação

Dispor de canais para que o consumidor possa reportar, questionar ou optar por não participar de segmentações específicas reforça a sensação de controle e respeito.

IA Ética e Gestão Responsável: Duas Faces da Mesma Moeda

Muito se fala sobre o poder da IA em escalar campanhas, prever comportamentos e personalizar experiências. Entretanto, sem uma base sólida de ética e conformidade, essa eficiência torna-se uma bomba-relógio.

É possível colher os frutos da automação de forma responsável, contanto que a privacidade seja respeitada, a transparência prevaleça e o viés algorítmico seja combatido ativamente. Assim, constrói-se um sistema robusto, que não apenas gera resultados imediatos, mas também preserva a confiança e o respeito do consumidor ao longo do tempo. Para mim, essa é a síntese do futuro Homo Algorithmus:

tecnologia avançada e integridade caminhando de mãos dadas, para que o propósito de criar valor seja genuinamente compartilhado entre marcas e pessoas.

7

ESTRUTURAÇÃO DE UMA ESTRATÉGIA ORIENTADA POR IA (AI-Driven)

ANTES DE INICIAR QUALQUER esforço de uma gestão guiada por dados e IA, é fundamental definir claramente os objetivos e metas que se deseja alcançar. Esses objetivos devem estar alinhados com as metas estratégicas da organização e podem variar de acordo com o setor, mercado e concorrência. Exemplos de objetivos incluem:

- **Identificar novas oportunidades de mercado:** descobrir segmentos de mercado inexplorados ou emergentes que possam ser lucrativos para a empresa.

- **Analisar as estratégias dos concorrentes:** compreender as táticas e estratégias dos principais concorrentes para antecipar suas ações e responder de maneira eficaz.

- **Monitorar tendências de mercado:** acompanhar mudanças nas preferências dos consumidores, avanços tecnológicos e outras tendências que possam impactar o setor.

- **Avaliar riscos e ameaças:** identificar e mitigar riscos potenciais que possam afetar a posição competitiva da empresa.

- **Avaliar ROI e eficiência de campanhas:** rastrear, quantificar e analisar resultados diretos das campanhas de marketing.

Ao definir esses objetivos, é importante estabelecer metas específicas, mensuráveis, alcançáveis, relevantes e com prazo determinado (SMART). Por exemplo, se o objetivo é identificar novas oportunidades de mercado, uma meta SMART poderia ser "Identificar três novos segmentos de mercado com potencial de receita de pelo menos R$ 100 milhões por ano nos próximos seis meses."

Construção de um Plano Estratégico de IA

OKRs

OKRs, ou Objectives and Key Results, são uma metodologia de gestão de desempenho que ajuda organizações a definir e rastrear objetivos e seus resultados associados. Foi popularizada pela Intel e amplamente adotada por outras grandes empresas, como Google.

Estrutura de OKRs

- **Objectives (Objetivos)**: são metas qualitativas, inspiradoras e acionáveis que definem o que se deseja alcançar. Devem ser desafiadoras e ambiciosas, mas também claras e concisas. Exemplos de objetivos:
  - "Aumentar a satisfação do cliente."
  - "Expandir a presença no mercado internacional."
  - "Melhorar a eficiência operacional."
- **Key Results (Resultados-Chave)**: são métricas quantitativas específicas que medem o progresso em direção aos objetivos.

Cada objetivo deve ter de 2 a 5 key results. Eles devem ser mensuráveis e verificáveis. Exemplos de key results para o objetivo "Aumentar a satisfação do cliente":

- "Alcançar uma pontuação de NPS (Net Promoter Score) de 70."
- "Reduzir o tempo de resposta ao cliente para menos de 24 horas."
- "Aumentar a taxa de resolução na primeira chamada para 90%."

Benefícios dos OKRs

- **Foco e Alinhamento**: ajudam a alinhar todos os níveis da organização em torno das mesmas metas estratégicas.
- **Transparência**: todos na organização podem ver os objetivos e os resultados-chave, promovendo um senso de responsabilidade e colaboração.
- **Agilidade**: permite ajustes rápidos com base no desempenho e nas necessidades do negócio, devido aos ciclos de feedback frequentes (geralmente trimestrais).
- **Motivação**: metas desafiadoras podem motivar as equipes a se esforçarem mais e a alcançarem resultados extraordinários.

Implementação de OKRs

1. **Definir Objetivos**: comece definindo objetivos claros e inspiradores.

1. **Estabelecer Resultados-Chave**: para cada objetivo, determine os resultados-chave que indicarão progresso.

2. **Comunicação e Alinhamento**: certifique-se de que todos na organização entendam os OKRs e como eles se conectam aos objetivos gerais.

3. **Monitoramento e Revisão**: revise regularmente o progresso e ajuste conforme necessário.

OKRs é uma ferramenta poderosa para impulsionar a execução da estratégia e melhorar o desempenho organizacional por meio de uma abordagem estruturada e mensurável.

OKR Canvas

Desenvolvemos um template de canvas para que você construa e organize seu planejamento estratégico na metodologia OKR.

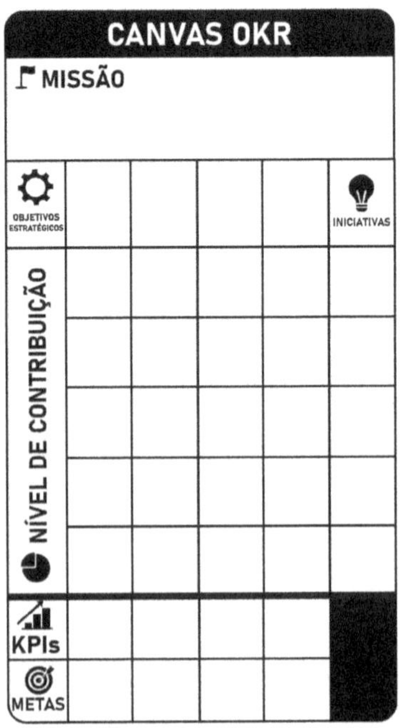

Acesse o site www.homoalgorithmus.com.br e baixe o arquivo gratuitamente

Como construir seu planejamento estratégico no OKR Canvas

Passo 1: Comece pela missão.

- Normalmente, a missão de uma área de IA é "Transformar dados em informação relevante para tomada de decisão e automatizar processos, aumentando a eficiência e produtividade coletiva".

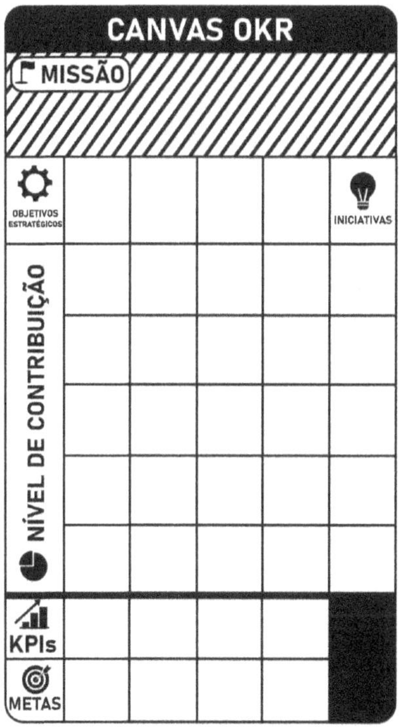

Passo 2: Determine seus objetivos (Drivers) estratégicos

- Traçar objetivos é fundamental para que você tenha e dê o norte certo ao departamento. É a direção que a área e o time precisam para performar com foco. Escolha sempre, de 3 a 4 drivers. Quem quer ir para muito lugar acaba não indo para nenhum.

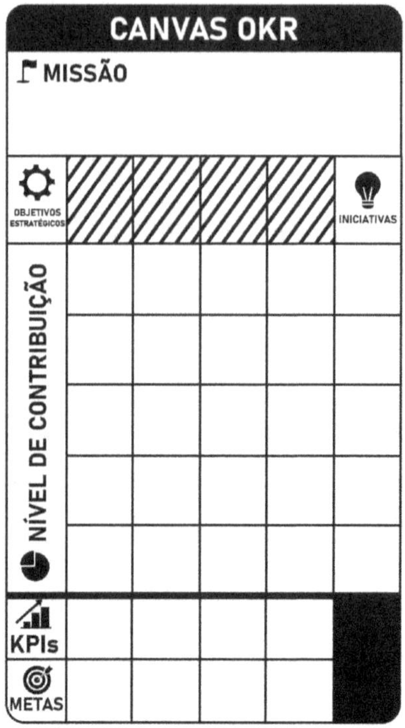

- Um objetivo sempre começa com um verbo imperativo (Fomentar, Promover, Ser, Desenvolver).

- Em cada coluna, coloque um objetivo/driver. Alguns exemplos concretos para direcionar a área de MA:

    - Driver 1: Reduzir o GAP Analítico.

    - Driver 2: Promover a cultura Data/AI Driven.

    - Driver 3: Monitorar sinais de mercado.

    - Driver 4: Comunicar e divulgar ativos à organização.

Passo 3: Determine os KPIs para cada objetivo (Driver) estratégico

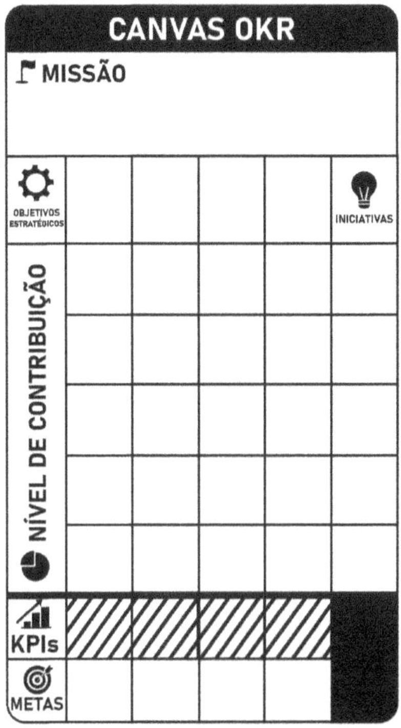

É muito importante que cada driver proposto no passo 3, tenha um KPI (Key Performance Indicator) para que você consiga mensurar e tangibilizar quantitativamente o alcance dos objetivos qualitativos traçados.

Seguindo os exemplos de Drivers no Passo 2, sugerimos os KPIs:

- Driver 1: Reduzir o GAP Analítico
    - KPI: Número de estudos de análise de dados entregues.
- Driver 2: Promover a cultura Data/AI Driven
    - KPI: Número de treinamentos em IA.
- Driver 3: Monitorar sinais de mercado
    - KPI: Número de sinais de alerta antecipados emitidos.
- Driver 4: Comunicar e divulgar ativos de IA à organização

- KPI: Número de Newsletter de IA enviadas.

Passo 4: Target – Determine as metas para cada KPI

- Para cada objetivo um KPI e para cada KPI uma meta. Agora que você sabe a missão do departamento, os drivers que vão nortear para onde o "barco vai" e como vai metrificar o alcance dos objetivos, é hora de delinear as metas.

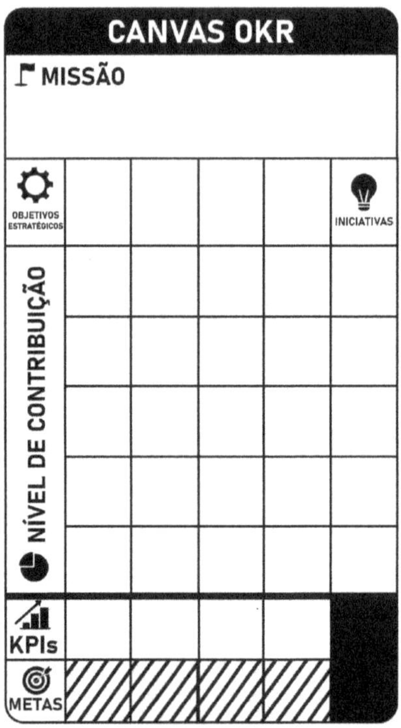

Seguindo os exemplos dos Passos 3 e 4, temos a sugestão:

- Driver 1: Reduzir o GAP Analítico
  - KPI: Número de estudos de análise de dados entregues
    - META (trimestral): 12 (1 estudo entregue por semana)
- Driver 2: Promover a cultura AI Driven
  - KPI: Número de treinamentos em IA

    - META (trimestral): 3 (1 treinamento por mês)

- Driver 3: Monitorar sinais de mercado
  - KPI: Número de sinais de alerta antecipados emitidos.
    - META (trimestral): 60 (1 POR DIA ÚTIL).
- Driver 4: Comunicar e divulgar ativos de IC à organização
  - KPI: Número de Newsletter de IA enviadas.
    - META (trimestral): 3 (1 por mês).

Passo 5: Determine os projetos ou atividades-chave do departamento.

- Crie os projetos ou atividades chave do departamento e liste na coluna "projetos" do Canvas.

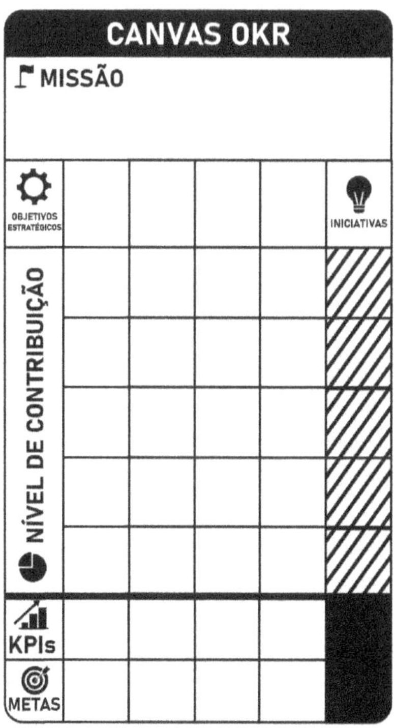

Vou listar alguns projetos estruturantes e outras atividades-chave que normalmente entregam a missão da área.

- NIA (Núcleo de Inteligência Artificial)
    - Trata-se da estrutura que recebe demandas das diversas áreas de negócio, tendo como input os problemas de negócio e como output insights acionáveis.
- Sismógrafo (Sistema de Alerta Antecipados).
    - Sistema de alerta antecipados para captar passivamente sinais emitidos por marcas, temas, tendências ou pessoas de interesse.
- DataLab (Laboratório de Dados)
    - Estrutura de gestão de ciclo de vida dos dados desde o seu nascimento até o seu descarte.
- AI Stewards
    - Colegiado responsável pelo fomento da cultura e dos padrões de governança de IA nas organizações.
- NIA News
    - Ativo de comunicação oficial para gestão e promoção do conhecimento produzido pela área dentro da organização.

Passo 6: Avalie o nível de contribuição que cada projeto tem para cada objetivo estratégico proposto

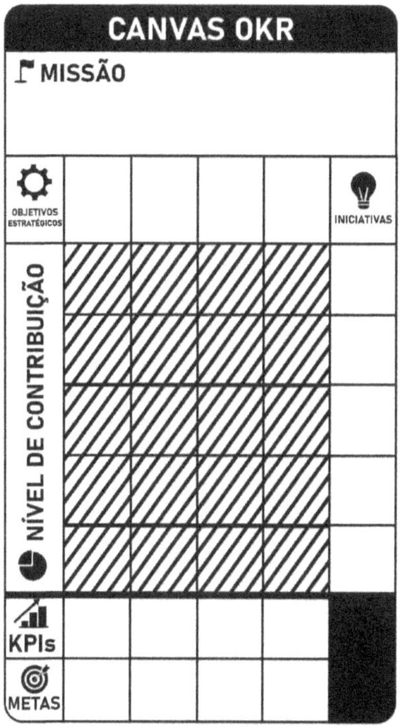

Essa avaliação é uma das mais importantes do planejamento. É esse cruzamento que faz com que você priorize e invista tempo, energia e dinheiro em projetos e atividades que vão realmente te trazer retorno e resultado.

O método é simples. Você cruza o projeto listado (linhas) com os objetivos (colunas), dando notas (estrelinhas) de 1 a 5. A nota 1 significa que o projeto/atividade tem um baixo nível de contribuição para o alcance daquele objetivo. Em outra mão, a nota 5 indica que o projeto/atividade tem total contribuição para o alcance do objetivo avaliado.

Avaliando as notas da linha, você consegue identificar os projetos/atividades que mais contribuem para o alcance dos objetivos e pode selecionar, priorizar ou excluir projetos excelentes no pensamento, mas que, na prática, não contribuem para o desenvolvimento do setor.

8

O FUTURO DA IA

VIVENCIAMOS, ATÉ AQUI, UMA jornada fascinante, acompanhando a evolução da IA em direção a uma disciplina profundamente orientada por dados e suportada pela ética e transparência. Se nas décadas anteriores a gestão ainda tateava à procura de metodologias robustas, hoje a realidade é de análises avançadas, personalizações em escala e automação vertiginosa. Mas, e daqui a cinco ou dez anos? É precisamente nesse horizonte que precisamos nos lançar agora, ao imaginar o que vem pela frente no ecossistema da Inteligência Artificial. Este capítulo se dedica a esmiuçar as tendências, as tecnologias de ponta e as transformações culturais e organizacionais que moldarão esse futuro próximo. Estaremos preparados para conduzir as mudanças ou seremos levados por elas?

É Apenas Hype? – Uma Reflexão sobre os Altos e Baixos da Inteligência Artificial

A Inteligência Artificial (IA) desperta debates e expectativas desde meados do século passado. Apesar de ser tema em voga atualmente, o estudo de formas de emular o pensamento humano em máquinas remonta à década de 1950, conforme apontam registros pioneiros da área de ciência da computação. No decorrer de mais de 70 anos, cada avanço promissor foi sucedido por um período de contenção, muitas vezes denominado "inverno da IA" (AI winter).

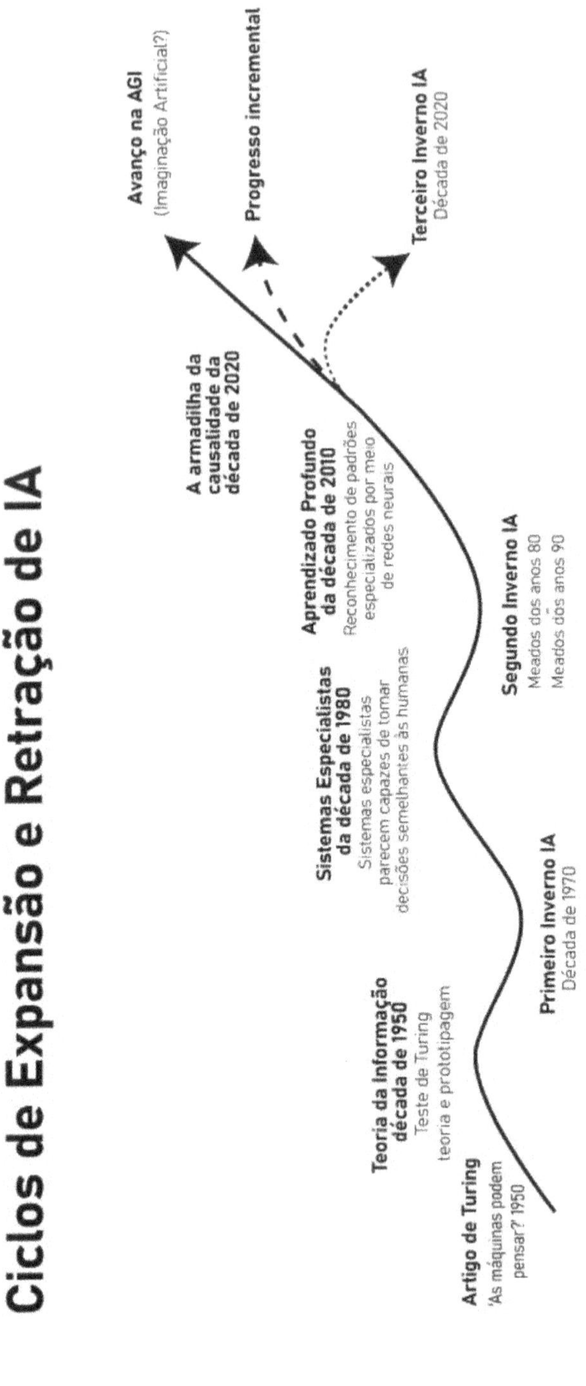

Fonte: Transforma Insights

Contexto Histórico

Já na década de 1950, **cientistas da computação** exploravam algoritmos e modelos para simular aspectos de raciocínio humano. Desde então, a IA passou por múltiplas fases de otimismo, frequentemente marcadas pelo surgimento de novas técnicas como redes neurais, sistemas especialistas ou, mais recentemente, modelos de linguagem de grande porte.

No entanto, toda vez que as promessas pareciam superar a realidade tangível, surgiam as chamadas **"decepções"**: reduções drásticas de financiamento, menor interesse governamental e corporativo, além de certa estagnação em pesquisas. Esses momentos foram batizados de "invernos da IA", indicando uma redução na empolgação coletiva.

Razões para o Hype e para os Invernos

1. **Excesso de Otimismo Inicial**: Muitas tecnologias emergentes sofrem com previsões exageradas sobre o que é viável a curto prazo, alimentando expectativas irreais.

2. **Limitações Técnicas**: Em diferentes épocas, faltaram recursos computacionais e modelos matemáticos mais robustos para escalar as descobertas teóricas em aplicações reais.

3. **Falta de Dados Adequados**: IA depende de vastos conjuntos de dados. Antes do boom da internet e da digitalização em massa, esse insumo era escasso.

4. **Problemas de Integração**: Mesmo quando algoritmos funcionavam em laboratório, integrá-los a sistemas existentes ou produtos comerciais exigia mudanças de infraestrutura e aceitação do mercado.

A Situação Atual: Nova Onda ou Novo Hype?

Nos últimos anos, graças ao aumento exponencial de poder computacional e à disponibilidade de dados, a IA vive um **renascimento.** Modelos de deep learning, como redes neurais profundas e transformadores, estão alcançando feitos notórios em reconhecimento de voz, visão computacional e processamento de linguagem natural.

Sustentabilidade do Crescimento

- **Casos de Uso Sólidos**: Diferentemente de fases anteriores, hoje há aplicações comerciais claras, como assistentes virtuais, diagnósticos médicos assistidos e automação de processos em larga escala.

- **Investimento Maciço**: Grandes empresas de tecnologia e fundos de venture capital injetam recursos para acelerar pesquisa e desenvolvimento.

- **População Familiarizada**: O público está mais aberto à ideia de IA, especialmente com o surgimento de aplicativos de uso cotidiano baseados em algoritmos inteligentes.

No entanto, a história nos ensina a olhar com cautela: se as promessas atuais não forem cumpridas em prazo razoável, poderemos vivenciar outro período de baixa popularidade e interesse.

No Google Trends, a popularidade mundial pela busca dos termos “AI, Inteligência Artificial e ChatGPT” no Google Search mostra crescentes números com perspectiva de mais crescimento no futuro.

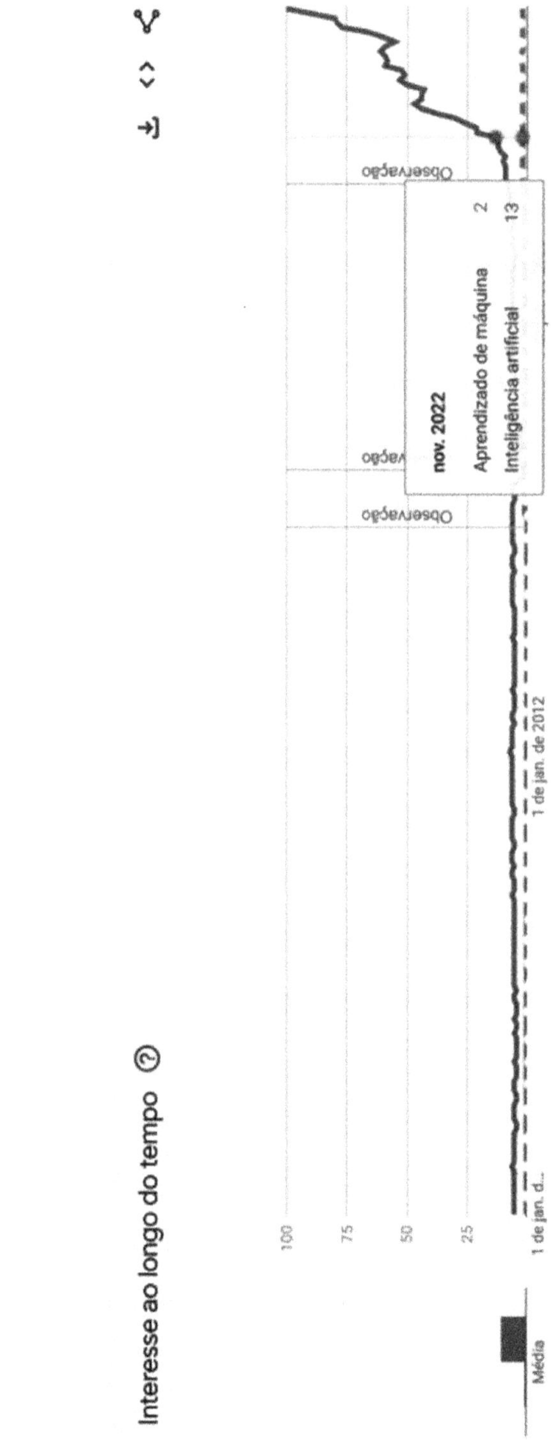
Interesse ao longo do tempo
100
75
50
25
1 de jan. d...
1 de jan. de 2012
Observação
Observação
nov. 2022
Aprendizado de máquina 2
Inteligência artificial 13
Média

Fatores que Podem Evitar um Novo "Inverno da IA"

1. **Transparência de Limitações**: Pesquisadores e empresas precisam comunicar de forma clara o que é possível realizar e quais são as restrições das tecnologias atuais.

2. **Enfoque em Soluções Reais**: Em vez de projetos puramente experimentais, manter o foco em aplicações que resolvam problemas concretos para a sociedade e o mercado.

3. **Educação e Capacitação**: Profissionais formados em ciência de dados, Machine Learning e áreas correlatas são fundamentais para concretizar as potenciais inovações.

4. **Regulamentação Adequada**: Políticas públicas e normas que estabeleçam parâmetros de segurança, responsabilidade e ética ao usar IA podem fortalecer a confiança do mercado e da população.

Embora a IA não seja exatamente nova, cada onda de progresso tecnológico reacende um debate sobre o possível alcance e as limitações dessa área. As fases de empolgação são seguidas por períodos de decepção, quando resultados imediatos não acompanham o otimismo inicial, gerando os chamados "invernos da IA". Atualmente, vivemos uma fase de otimismo renovado, graças a avanços em hardware, algoritmos e à vasta disponibilidade de dados.

Para evitar repetir o ciclo histórico de altos e baixos, é essencial equilibrar a empolgação com realismo, investindo em aplicações e pesquisas sólidas, bem como na formação de profissionais e na elaboração de políticas que garantam a viabilidade a longo prazo. Dessa forma, a sociedade poderá colher os frutos da IA de maneira consistente, sem cair em mais uma onda de desilusão tecnológica.

A Maturidade da Cultura AI-Driven e Seus Próximos Passos

Quando falo de "cultura AI-Driven", percebo que o termo tornou-se praticamente um mantra nas empresas. No entanto, muitas ainda estacionam em estágios iniciais de maturidade algorítmica. O desafio que se coloca agora vai além de "implementar algoritmos de Machine Learning" ou "ter uma infraestrutura de IA". É construir uma cultura institucional onde a inteligência artificial atua como agente ativo de transformação — aproximando todos, do estagiário ao CEO, em um compromisso inabalável com decisões potencializadas por IA e operação ética dos sistemas inteligentes. No futuro, esse nível de maturidade significará:

Empoderamento por IA: Qualquer colaborador, seja de vendas ou de TI, conseguirá interagir com assistentes inteligentes que geram insights, propõem estratégias e executam análises complexas. Não se limitará ao especialista em algoritmos.

Integração Algorítmica: Marketing, produto, finanças e RH atuando num ecossistema de IA conectada e aprendizado compartilhado, onde algoritmos conversam entre si, descartando barreiras departamentais por meio de inteligência distribuída.

Decisões Autônomas, Mas Auditadas: Uma avalanche de decisões será executada autonomamente por IA, porém com mecanismos de governança algorítmica e supervisão humana para validar.

A humanidade, afinal, não cederá por completo o controle para máquinas. Se há algo que aprendemos com IA explicável e sistemas híbridos é que a colaboração humano-máquina segue indispensável, garantindo responsabilidade nas decisões e criatividade para direcionar oportunidades que a IA identifica, mas que requerem contexto humano para materializar.

IA Multimodal e Aprendizado Adaptativo

Sistemas de IA Multimodais Até então, os sistemas de IA se especializavam em processar texto, imagem ou áudio isoladamente. Contudo, a próxima geração de agentes inteligentes multimodais (já em desenvolvimento pela OpenAI e outras gigantes) integram todos esses canais em uma cognição artificial unificada. Em vez de ferramentas de análise separadas, teremos agentes que compreendem e respondem com imagens, palavras e sons simultaneamente, interpretando contexto de forma holística.

Exemplo Futurista Imaginemos um agente de marketing autônomo que produz, em tempo real, variações de anúncios em vídeo baseadas no perfil comportamental do usuário, na expressão facial captada pela câmera frontal (se o consumidor permitir) e no contexto ambiental (iluminação, barulho). O sistema de IA multimodal geraria, naquele instante, um vídeo publicitário sob medida, com narrativa e visual autoadaptados.

IA com Aprendizado Contínuo (Few-Shot Learning) Outro avanço crucial é a capacidade da IA de aprender e se adaptar continuamente com amostras menores. Se até recentemente falávamos em treinar redes neurais com milhões de exemplos, novas arquiteturas e técnicas (inclusive Transformers) permitem que algoritmos se especializem rapidamente com poucos exemplos ou até zero-shot.

Para o marketing, isso significa que pequenas e médias empresas, sem volumes massivos de dados, poderão ter agentes de IA sofisticados, criando estratégias preditivas, segmentações dinâmicas e recomendações autoevolutivas mesmo com bases modestas. A barreira tecnológica se dissolve, democratizando o acesso a Marketing Inteligente alimentado por IA.

Implicações Para o Papel do Profissional Se a IA escolhe, executa e otimiza algoritmos e configurações, os profissionais de marketing podem se dedicar mais à direção estratégica e colaboração com a IA. Em lugar de se perder em detalhes técnicos, ficam livres para orientar sistemas inteligentes, definir objetivos de negócio e interpretar insights algorítmicos.

Convergência de IA com Ecossistemas Inteligentes

IoT e IA em Tempo Real Já começamos a ver geladeiras com IA embarcada que preveem necessidades de estoque; carros com agentes inteligentes que aprendem rotas e preferências; relógios com IA de saúde que interpretam sinais vitais e comportamentos. A Internet das Coisas alimenta ecossistemas de IA interconectados, e o Marketing Inteligente pode:

Oferecer Experiências Antecipadas: Se o agente doméstico detecta baixo estoque de água, o sistema de marketing inteligente pode antecipar a necessidade e apresentar ofertas contextuais no momento ideal.

Personalização Preditiva: Algoritmos conectados sabem que a pessoa dirige para regiões quentes, dorme menos de 6 horas, tem determinados padrões nutricionais, e antecipam necessidades antes mesmo do consumidor percebê-las.

Todo esse processo requer IA ética e transparente, principalmente em privacidade e consentimento. Mas a possibilidade de agentes inteligentes colaborativos cria oportunidades para experiências hiper-personalizadas e antecipadas.

Realidade Aumentada e IA Imersiva Realidade Aumentada (AR) e Realidade Virtual (VR) prometem experiências inteligentes para consumidores. Imagine experimentar roupas com IA de ajuste automático, navegar por lojas com assistentes virtuais inteligentes ou interagir com produtos por meio de agentes de IA imersivos.

Em conjunto com sistemas inteligentes, o marketing poderá:

Ambientes Auto-Adaptativos: Algoritmos de preferência identificam gostos e modificam automaticamente displays e sugestões conforme o usuário interage.

Assistentes Virtuais Inteligentes: Agentes de IA conversacionais atuam como consultores virtuais, capazes de aprender em tempo real, interpretar linguagem corporal e guiar autonomamente a jornada de compra.

Colaboração Homem-IA: O Modelo Human-in-the-Loop

Uma das grandes perguntas do futuro é: "Se a IA automatiza tanta coisa, onde entra a criatividade humana?" A resposta, na minha visão, é no **modelo human-in-the-loop**. Ou seja, as máquinas farão grande parte do trabalho repetitivo ou de análise intensa, mas o humano validará, adicionará nuances e questionará a IA, garantindo qualidade e alinhamento de valores.

Benefícios desse Modelo

- **Retenção de Controle Criativo**: Profissionais de marketing não ficam reféns de scripts 100% automatizados. Eles ajustam, sugerem revisões e imprimem a "alma" da marca.

- **Aprendizado Contínuo**: A IA aprende com as intervenções humanas, enquanto os humanos refinam sua compreensão ao ver como os algoritmos processam dados.

- **Garantia de Ética e Estratégia**: Em campanhas sensíveis, a supervisão humana se torna inegociável, assegurando que o sistema não cometa violações éticas ou comunique algo dissonante com a identidade de marca.

Casos Práticos

- **Gerar Conteúdo**: A IA redige um rascunho de e-mail marketing ou post de redes sociais. O redator humano revisa, adiciona nuances e avalia o tom antes de publicar.

- **Definir Pricing Dinâmico:** O algoritmo propõe valores de produto conforme demanda e perfis. Mas um analista humano pode intervir, notando que, mesmo rentável, a estratégia poderia ser percebida como injusta por certos segmentos.

A Resiliência nas Organizações que Aderem à IA

A adoção das tecnologias aqui descritas não se limita a obter vantagens de curto prazo. Há um aspecto de **resiliência competitiva**: empresas que internalizam a cultura analítica, que se adaptam rapidamente às tendências tecnológicas e que praticam o human-in-the-loop, tornam-se extremamente ágeis para pivotar estratégias e sobreviver a choques de mercado.

"Sobreviver Não Basta"

Em mercados super competitivos, apenas sobreviver pode não ser suficiente. A ideia é prosperar, tomar a dianteira, criar novos nichos e experiências e se posicionar como referência. As organizações data-driven e orientadas por IA, que ainda por cima buscam valores humanizados, terão maior chance de encantar clientes, fidelizar e inovar sem medo.

Construir Confiança e Relacionamentos a Longo Prazo

Vale lembrar que tudo isso só funciona se a confiança do consumidor estiver intacta. O uso de dados e IA deve sempre priorizar transparência, segurança e ética. Caso contrário, esse "futuro promissor" converte-se em escândalos reputacionais e perda de credibilidade.

Perspectivas de Crescimento e Oportunidades

Novos Modelos de Negócio

À medida que a IA se infiltra em cada elo da cadeia de marketing — da criação de produtos à entrega final —, surgirão nichos e modelos de negócio inimagináveis hoje. Quem poderia prever, há dez anos, que surgiria o conceito de "prompt engineering" e a venda de prompts otimizados para IA?

Fusão com Pesquisa e Desenvolvimento

A mesma análise preditiva que orienta campanhas servirá para P&D. Equipes de inovação usarão marketing analytics para entender gaps de mercado e projetar produtos que atendam necessidades emergentes.

Interações Machine-to-Machine

IoT e sistemas de marketing poderão "conversar" de forma autônoma. Por exemplo, uma geladeira conectada faz pedidos automáticos em supermercados que, por sua vez, ajustam estoques e preços com base em algoritmos de demanda preditiva, gerando uma cadeia B2B-B2C interligada e altamente responsiva.

Pilares para Adentrar ao Futuro

Para que tudo isso não fique no campo do sonho, deixo alguns pilares que considero fundamentais:

1. **Talentos Híbridos**: Não basta ter um time de cientistas de dados isolados e profissionais de diversos de outro lado. Precisamos de perfis híbridos que entendem tanto as nuances de estatística como a arte do storytelling.

2. **Arquitetura e Governança de Dados**: Nada disso flui bem se a empresa não tiver infraestrutura sólida, pipelines de dados confiáveis e compliance.

3. **Metodologias Experimentais**: O marketing experimental será a norma, não a exceção, validando hipóteses e garantindo que correlações se transformem em causalidades evidentes.

4. **Mentalidade de Aprendizagem Contínua**: O mercado e a tecnologia mudam velozmente; ficar estagnado é apostar na irrelevância.

5. **Ética e Transparência**: Manter a confiança do público. Explicar quando a IA está envolvida, respeitar privacidade, combater viés algorítmico.

Um Salto Adiante: Homo Algorithmus e a Sinergia Genuína

Se o futuro do marketing passa pela IA, acredito que será aquele em que humanos e máquinas se completam, numa espécie de simbiose produtiva. Chamo isso de Homo Algorithmus: o profissional que domina dados e algoritmos sem abandonar sua humanidade. Esse profissional consegue trazer a sensibilidade cultural, a intuição e a capacidade de contar histórias para um cenário de exatidão e previsibilidade.

Vejo também que, quanto mais evoluímos nessas tecnologias, mais nos questionaremos sobre propósito, significado e relações humanas. Não é à toa que um dos maiores temores relacionados ao uso exacerbado de IA é o de desumanizar o contato com o consumidor. Nesse exato ponto, recai a necessidade de manter o controle humano (human-in-the-loop), garantindo que cada ação automática carregue a "alma" da marca.

Preparando-se para um Futuro de Incessantes Transformações

Se há algo certo no marketing contemporâneo, é que não há espaço para a estagnação. O Marketing AInalytics segue evoluindo, nutrido por modelos multimodais, AutoML, convergência com IoT, AR, VR e a consolidação de uma cultura data-driven nas organizações. Nesse futuro:

- **Criatividade e Dados Andam Juntos**: A IA libera o marketing de tarefas repetitivas, deixando mais tempo para a imaginação humana florescer.

- **O Consumidor Espera Transparência e Controle**: Confiança vira ativo fundamental; violar privacidade ou abusar de automações frias pode ser um tiro no pé.

- **As Organizações Precisam se Adaptar**: Estruturas mais ágeis, equipes híbridas, experimentos constantes.

- **O Humano Não Sai de Cena**: Pelo contrário, assume um papel ainda mais estratégico, definindo visão, valores e validando escolhas.

Encerrando este livro, convido você, leitor, a abraçar a mentalidade inquieta do Homo Algorithmus. A próxima década pode parecer imprevisível, mas quem domina a sinergia entre análise de dados, criatividade e empatia estará melhor posicionado para escrever o futuro do marketing — um futuro em que algoritmos impulsionam a inovação, mas é o toque humano que faz toda a diferença no jeito de se relacionar com as pessoas. E, no fim das contas, não é justamente esse o cerne do marketing: **relacionar-se** de maneira autêntica, relevante e contínua com quem realmente importa?

O PIOR MODELO DE IA É O QUE VOCÊ ESTÁ USANDO AGORA

À MEDIDA QUE AS tecnologias de Inteligência Artificial avançam, temos não apenas a oportunidade de testemunhar inovações que outrora pareciam ficção científica, mas também de participar ativamente de uma transformação global. Se hoje já nos impressionamos com o que a IA é capaz de realizar no tempo que lê este livro, ainda estamos apenas no começo de uma jornada exponencial. Cada salto em capacidade computacional, cada melhoria na arquitetura dos modelos e cada aperfeiçoamento nos algoritmos de aprendizado de máquina expande o horizonte do que possível.

Nesse contexto, a ideia de que os modelos atuais são "os piores" que usaremos pelo resto de nossas vidas soa, ao mesmo tempo, provocativa e inspiradora. É uma forma de dizer que, daqui em diante, veremos soluções cada vez mais poderosas, rápidas, baratas e seguras. Essas soluções, além de tudo, serão cada vez mais personalizadas às nossas necessidades individuais, fornecendo assistência em áreas como educação, saúde, finanças, entretenimento e muitas outras. Tudo isso sem esquecer o aspecto colaborativo entre pessoas e máquinas, em que a criatividade humana se unirá à eficiência dos algoritmos para enfrentar desafios de escala verdadeiramente global.

Para que essa visão se concretize de forma saudável, a busca pela transparência e pela responsabilidade no desenvolvimento de IA é essencial. Precisamos não apenas de engenheiros e cientistas de dados, mas também de sociólogos, filósofos, psicólogos, legisladores e diversos outros profissionais que possam trazer múltiplas perspectivas sobre os impactos sociais e éticos. Quanto mais avançamos, mais se torna necessário discutir questões de privacidade, segurança e vieses nos algoritmos, garantindo que as promessas de inovação não se convertam em ferramentas de exclusão ou abuso.

Ao mesmo tempo, é fundamental investir em educação e formação contínua, preparando novas gerações para lidar com um mundo em que a IA não será apenas um recurso adicional, mas algo profundamente integrado ao cotidiano. Isso significa adotar políticas públicas e iniciativas privadas que democratizem o acesso às tecnologias, fomentem a pesquisa e promovam o desenvolvimento de competências avançadas.

Por fim, o futuro descrito, repleto de modelos "mais inteligentes, rápidos, acessíveis, seguros e úteis", representa uma oportunidade sem precedentes de elevar a qualidade de vida em escala global. O principal desafio é garantir que, à medida que essas ferramentas se expandam e se tornem onipresentes, elas sejam empregadas de forma inclusiva, ética e sustentável. Afinal, o verdadeiro progresso não reside apenas em avanços técnicos, mas na forma como decidimos orientar esses avanços para criar pontes, reduzir desigualdades e oferecer novas esperanças à humanidade. O futuro, de fato, é brilhante — desde que o construamos com responsabilidade e um senso de propósito coletivo.

REFERÊNCIAS

DELL'ACQUA, F.; MCFOWLAND III, E.; MOLLICK, E.; LIFSHITZ-ASSAF, H.; KELLOGG, K. C.; RAJENDRAN, S.; KRAYER, L.; CANDELON, F.; LAKHANI, K. R. *Navigating the Jagged Technological Frontier: Field Experimental Evidence of the Effects of AI on Knowledge Worker Productivity and Quality*. Working Paper 24-013, Harvard Business School, 2023.

BRAND, J.; ISRAELI, A.; NGWE, D. *Using LLMs for Market Research*. Microsoft & Harvard Business School, Working Paper, 29 jul. 2024.

BOUSSIOUX, L.; LANE, J. N.; ZHANG, M.; JACIMOVIC, V.; LAKHANI, K. R. *The Crowdless Future? Generative AI and Creative Problem Solving*. Working Paper 24-005, Laboratory for Innovation Science at Harvard, 2023.

LANE, J. N.; BOUSSIOUX, L.; AYOUBI, C.; CHEN, Y. H.; LIN, C.; WANG, P. H.; SPENS, R.; WAGH, P. *The Narrative AI Advantage? A Field Experiment on Generative AI-Augmented Evaluations of Early-Stage Innovations*. Working Paper 25-001, MIT Solve & Harvard Business School, 2024.

OTIS, N. G.; CLARKE, R.; DELECOURT, S.; HOLTZ, D.; KONING, R. *The Uneven Impact of Generative AI on Entrepreneurial Performance*. SSRN Working Paper 4671369, 2024.

LI, J. Z.; HERDERICH, A.; GOLDENBERG, A. *Skill but not Effort Drive GPT Over-Performance over Humans in Cognitive Reframing of Negative Scenarios.* Harvard Business School, Working Paper, 2024.

RUBIN, M.; LI, J.; ZIMMERMAN, F.; ONG, D. C.; GOLDENBERG, A.; PERRY, A. *Comparing the Value of Perceived Human versus AI-Generated Empathy.* Hebrew University of Jerusalem & Harvard Business School, Working Paper (manuscrito revisado), 2025.

WODECKI, B. *UBS: ChatGPT is the fastest growing app of all time.* AI Business, 1 mar. 2023. Disponível em: https://aibusiness.com/nlp/ubs-chatgpt-is-the-fastest-growing-app-of-all-time

GARTNER. *Gartner poll finds 45 % of executives say ChatGPT has prompted an increase in AI investment.* Press-release, 3 mai. 2023. Disponível em: https://www.gartner.com/en/newsroom/press-releases/2023-05-03-gartner-poll-finds-45-percent-of-executives-say-chatgpt-has-prompted-an-increase-in-ai-investment

ROBBINS, J. *Generative AI startups raised $1.6 billion in Q1 2023.* PitchBook, 19 abr. 2023. Disponível em: https://pitchbook.com/news/articles/Amazon-Bedrock-generative-ai-q1-2023-vc-deals

HOROWITZ, B. T. *Google, Microsoft, Salesforce transform enterprise productivity with generative AI integrations.* Information Week, 17 mar. 2023. Disponível em: https://www.informationweek.com/big-data/google-microsoft-salesforce-transform-enterprise-productivity-with-generative-ai-integrations

MOOR, J. "The Dartmouth College Artificial Intelligence Conference: The Next Fifty Years." *AI Magazine*, v. 27, n. 4, p. 87–89, 2006.

CREVIER, D. *AI: The Tumultuous Search for Artificial Intelligence.* New York: BasicBooks, 1993. ISBN 0-465-02997-3.

MANSIMOV, E.; PARISOTTO, E.; BA, J. L.; SALAKHUTDINOV, R. "Generating images from captions with attention." *arXiv preprint* arXiv:1511.0279, 29 fev. 2016. DOI: 10.48550/arXiv.1511.0279.

KRIZHEVSKY, A.; SUTSKEVER, I.; HINTON, G. "ImageNet classification with deep convolutional neural networks." *Communications of the ACM*, v. 60, n. 6, p. 84–90, jun. 2017. DOI: 10.1145/3065386.

BAIER, P.; HEXTER, J.; SVIOKLA, J. "Where should your company start with GenAI?" *Harvard Business Review*, 3 nov. 2023. Disponível em: https://hbr.org/2023/09/where-should-your-company-start-with-genai

JONES, E.; KÜSPERT, S.; MOËS, N.; DUNLOP, C. *Explainer: What is a foundation model?* Ada Lovelace Institute, 17 jul. 2023. Disponível em: https://www.adalovelaceinstitute.org/resource/foundation-models-explainer/